감탄
{感歎}
경영

헤어살롱 30년 고수의 생각

감탄
{感歎}
경영

'우리의 팀,을 만들어라

김민섭 지음

목차

1장
벌어서 갚겠습니다

2장
감탄으로 성공하기

미용인을 빛나게 해줄 태도와 표현

미용인으로 30년을 살았다. 몸으로 살아온 시간이었다. 지금은 헤어디자이너가 되려면 대학에 있는 미용학과에 진학하거나 미용 전문학원에서 미용 교육을 받을 수 있다. 또 유명 미용실 브랜드에서 운영하는 교육기관이 있어서 일하면서 체계적인 교육을 접할 수도 있다. 하지만 내가 미용을 시작할 때만 해도 전문적인 커리큘럼을 가진 미용 교육기관을 찾아보기 쉽지 않았다. 미용사가 되려면 헤어살롱에 인턴으로 들어가 일하면서 기술을 배우는 방법이 일반적이었다. 살롱에 취직해도 제대로 된 기술을 배우기는 어려웠다. 아침 일찍 출근해서 밀려오는 손님들을 응대하고 나면 늦은 밤이었고, 선배들도 대부분 어깨너머로 배운지라 후배들에게 전문적인 기술을 알려주기 어려웠다. 자칫하다가는 기술도 못 배운 채 잔일만 하다가 세월만 보내는 경우도 있었다. 그래서 미용사들은 자신이 필요한 기술을 배울 수 있는 살롱을 찾아 돌아다녔다. 나 역시 그런 방식으로 기술을 익혔다. 적극적으로 가르쳐주는 사수도, 선생님도 없어서 일하면서 혼자 연습하고, 스스로 터득해야 했다. 그래도 어느 순간 기술이 몸에 익는 순간이 왔다. 몸으로 부딪쳐서 몸으로 터득한 것이다.

　나의 목표는 미용으로 성공한 원장 100명을 만드는 것이다. 현재 나는 직영 및 파트너 살롱 10개를 운영하고 있다. 그동안 동반자적인 관계에 있다가 독립한 살롱까지 하면 나의 관리 하에 있던 곳이 20여 개가 된다. 성공한 원장 100명을 만들고 싶은 이유는 하나다. 품위 있는 미용 문화 만들고 싶은 것이 그것이다. 나는 나의 행복에 관심이 많다. 그래서 나와 함께하는 동료들의 행복에도 관심이 많다. 내가 행복하고 나의 동료가 행복하려면 미용 문화가 성숙하고 성장해야 한다. 그래야 그 안에 있는 사람들이 즐겁게 자긍심을 가지고 일할 수 있다.

　30년 동안 미용인으로 살아오면서 미용 발전의 역사를 목격했다. 1990년대까지만 해도 미용은 자아실현보다는 먹고살기 위한 일로 인식되었다. 하지만 사회가 발전하고, 사람들이 정신적인 만족을 위한 무형의 것에 가치를 두면서 미용을 바라보는 시선도 변화했다. 보다 감각적이고 보다 세련되고 보다 특별한 것을 원하고 그것을 실현해줄 헤어디자이너를 찾았다. 이런 요구를 반영하기 위해서는 미용인들 또한 변해야 했다. 그리고 그런 욕구를 충족시킬 수 있는 미용인들이 성장하고 숱한 경쟁에서 살아남아 자신의 영역을 확고하게 만들었다.

나 역시 그중 한 명이다. 시대적인 변화를 감지하고 거기에 맞춰 미용을 해왔다. 때로는 앞서서 미용 문화와 환경을 만들어왔다. 나는 오래전부터 동료들에게 미용에서 중요한 것은 기술보다 태도와 표현이라고 얘기했다. 기술이 중요하지 않다는 것이 아니다. 전문가이기 때문에 기술은 너무도 당연하다. 당연히 갖추고 있어야만 한다. 하지만 미용을 오래 해본 사람은 안다. 기술이란 시간이 지나면서 계속 변화한다는 것을. 또한, 지금은 기술적으로 뛰어난 헤어디자이너들이 너무 많아서 기술만으로는 고객을 유입시키고 유지하기 힘들다. 대신 기술을 빛나게 해줄 요소들은 있다. 그게 바로 태도와 표현이다. 고객을 응대하는 태도와 표현이 훌륭했을 때 고객만족도도 높아진다. 그동안 살롱에서 활동하면서, 또 파트너 살롱들을 경영하면서 그걸 수없이 경험했다. 그래서 동료와 살롱 구성원들의 태도와 표현을 좋게 할 수 있는 훈련을 하고 교육을 해오고 있다.

미용인으로 살아오면서 대한민국을 대표하는 탑스타일리스트로 선정도 되었고, 다달이 매출을 갱신할 만큼 성공적으로 살롱을 경영하기도 했다. 보통 디자이너로 활동하면서 살롱 경영까지 하려면 내가 가진 에너지의 150%를 끌어올려야 한다. 디자이너로만 활동해도 120%, 130%의 에너지를 써야 목표로 하는 매출을 달성할 수가 있다. 그런데 살롱 오너가 되면 거기에 더 많은 에너지를 더해야 한다. 100%의 에너지로 디자이너와 오너의 역할을 양립하면 그 살롱은 오래가지 못한다. 그렇다고 150%의 에너지를 계속 쓰면 에너지가 고

갈되어 나가떨어지게 된다. 그래서 나는 2006년에 정점에 있던 디자이너로서의 삶을 내려놓고 후배들의 성장을 지원하는 경영자로 새롭게 시작했다. 그러면서 그동안 도입했던 살롱 시스템을 다듬어 체계적으로 만들고, 후배들을 위한 교육에 힘써 왔다. 내가 경험하고 배운 노하우와 지식을 전달해서 성공한 원장을 양성하기 위해서였다. 그리고 파트너 살롱의 경영을 지원하는 뷰티그룹과 교육기관을 동시에 수행하는 더드림아카데미를 설립했다.

더드림아카데미 교육을 통해 파트너 살롱 직원들을 성장시키고, 교육 성과로 살롱이 괄목할 만한 성장을 하자 교육을 요청하는 외부 기관이 많아졌다. 그런데 한두 번의 특강으로는 내가 가진 경영 노하우를 모두 전달하는 데 한계가 있었다. 그래서 이 책을 집필하게 됐다. 또한, 후배 미용인들이 이 책의 도움으로 시행착오를 덜 겪고 자신의 성공을 위해 도약하기를 바라는 마음이 여기에 담겨 있다.

경쟁이 치열해서 살롱이 살아남기 힘들 것이라 전망하는 이들이 많지만 나는 앞으로도 미용 분야가 성장할 가능성이 높다고 본다. 사람들에게는 인정받고 싶은 욕구가 있어서다. 외모를 통해서도 사람들은 인정받고 싶은 욕구를 충족시키려 하는데 그 욕구가 계속되는 한 미용 분야는 계속 성장할 것이다. 따라서 인정받고 싶은 욕구를 충족시키도록 도와줄 사람 중의 한 명인 헤어디자이너는 고객의 욕구를 충족시켜주는 방법을 배우고 익혀야 한다. 그 방법이 이 책 속에 들어있다. 또한, 헤어디자이너로서만이 아니라 경영인으로서 성공하는 방법도 다루고 있다.

내가 오랫동안 미용인으로, 성공한 경영인으로 살아올 수 있었던 데는 동료들의 힘이 컸다. 옆에서 함께 활동하며 격려하고 응원해준 나의 동료들에게 감사한 마음을 전한다.

김민섭

1장

벌어서
갚겠습니다

기회는 예고하지 않는다

미용을 시작한 지 4년 차, 이철헤어커커 성신여대점에 근무할 때였다. 이철헤어커커 명동점이 매물로 나왔다는 정보를 접했다. 경력이 많은 선배에게 본사에서 인수 제안을 했지만 아무도 그 제안을 받지 않았다고 했다. 그때만 해도 막내급이라 나에게까지 제안이 오지는 않았지만, 명동점을 선배들이 받지 않는 이유가 궁금했다. 그에 대한 대답은 "안 된다"는 거였다. 명동은 경쟁이 치열하기도 하거니와 매장 규모도 작고 위치도 불리했고 세도 비쌌다. 몇 년 동안 본사에서 명동점을 살리려고 노력했지만, 매출이 따라주지 않았다. 그래서 인수할 사람을 찾고 있었는데 인수 조건도 좋지 않았다. 건물주가 권리금을 인정하지 않아서 그 매장을 접을 때는 권리금을 받을 수 없었다. 명동점을 인수할 사람이 없는 데에는 그럴 만한 까닭이 있었던 거다.

그런 상황에서 내가 인수하겠다고 나섰다. 하지만 내가 가진 돈은 명동점을 인수하기에는 턱없이 부족했다. 그래서 본부장을 만나

벌어서 갚을 테니 기회를 달라고 했다. 인수 비용은 1억 원이지만, 전세 보증금 2,000만 원과 모아둔 돈 1,000만 원, 총 3,000만 원을 먼저 드리고 나머지는 벌어서 한 달에 얼마씩 갚겠다고 했다. 내 이야기를 들은 본부장은 첫 투자 금액을 조금 더 상향 조정하고 나머지 금액은 내 제안대로 벌어서 갚으라고 했다.

그런데 내가 이철헤어커커 명동점을 인수하게 됐다고 하자 주변에서 다들 말렸다. 미쳤냐고, 다들 거길 들어가지 않겠다고 하는 데는 이유가 있다고, 누가 봐도 안 될 것이 뻔한데 뭐하러 거길 들어가느냐고 했다. 만류하다가 내가 고집을 꺾지 않자 마치 마른 장작을 안고 불구덩이에 들어가는 사람을 보듯 고개를 저었다. 하지만 나는 자신이 있었다. 왜냐하면 살롱을 경영해본 경험이 있어서였다. 내가 점장은 아니었지만, 살롱 운영의 전반적인 것을 맡아서 했던 경험이 있었고, 그렇기에 자신이 있었다.

입사 6개월 만에 스탭장으로 승진

1993년, 서울을 딛고 외국으로 진출하겠다고 마음먹은 열혈 청춘이면서 또 내향적이기도 했던 나는 이대 앞에 있는 살롱에 취직했다. 그게 내 미용 인생의 시작이었다. 어려서부터 착하다는 말을 듣고 성실함이 몸에 배었던지라 그곳에서도 평소에 하던 것처럼 근무했다. 아니 그것보다는 몇 배 더 성실했다. 미용인으로 성공하고픈 꿈도 있었고 일을 하려면 그런 태도가 기본이라고 생각했기 때문이다. 그래야 나를 채용한 점장님과 동료에게 인정받고 보다 빨리 성장할 수 있다고 믿었다. 그래서 가장 먼저 출근해서 문을 열고 가장 늦게 퇴근했다. 내가 할 일과 다른 사람이 할 일을 구분하지 않고 솔선수범해서 했고, 누군가 부탁하면 거절하지 않고 들어주었다. 손이 빨라서 내 일을 먼저 끝내게 되면 나보다 느린 동료의 일을 거들었다. 내가 잘할 수 있는 게 아직 뚜렷이 없다 보니 빛나지는 않지만, 살롱 운영에 필요한 일들을 찾아서 했다. 약제를 관리하고 수건을 정리하고 청소도 꼼꼼하게 했다. 그러자 잘한다는 칭찬을 듣게 되고 나는 내 수고에 대해 인정받는 것 같아 기분도 좋았다. 그리고 입사 6개월 만에 스탭장이 되었다. 좀 크다 싶은 살롱은 스태프만 10여 명인 데다 보통 스탭장이 되려면 3년이 걸리는데 나는 6개월 만에 스탭장이 되었다. 어떻게 보면 나에게 권력이 주어진 거나 마찬가지였다.

스탭장은 스태프인 인턴을 관리하는 역할도 있지만 그것 말고도 재료를 정리하고 살롱 열쇠를 받아서 문을 여닫는 등 운영에 필요한 업무를 맡아서 했다. 그러다가 나는 살롱의 재료를 관리하는 것까지 맡게 됐다. 그러면서 약을 얼마나 시키는지, 약 가격이 얼마인지, 얼마 동안 사용하는지, 어떻게 보관하고 관리해야 하는지 등을 배우게 됐다. 그런 일을 성실하게 하자 자연스럽게 점장님의 신뢰를 얻게 되어 운영 전반을 책임지게 됐다.

스탭장 역할이 살롱 운영을 이해하는 데 많은 도움이 되기는 했지만 좋은 점만 있었던 것은 아니다. 어느 순간부터 디자이너들이 나한테 인턴이 해야 할 일을 시키지 않았다. 그때는 그 이유를 알지 못했지만, 나중에 생각해보니 내가 맡고 있는 역할이 있으니 함부로 할 수 없다고 생각한 듯했다. 또한, 나 아니라도 시키면 할 사람들이 많으니까 롯드를 말거나 샴푸 할 때 자연스럽게 나를 제외했다. 나쁜 의도에서가 아니라 나를 운영에 관한 업무를 하는 사람으로 인식하고 있어서였다. 그것은 한편으로는 나의 운영 업무가 인정받고 있다는 것이기도 했으나 한편으로는 나에게 있어서 부작용도 있었다. 스탭장도 권력이라고 인턴으로서 배워야 할 시기에 나태해진 측면도 있었고, 다른 한편으로는 드라이하거나 와인딩을 할 기회가 주어지지 않아 기술이 늘지 않기도 했다.

그걸 깨닫고 어느 날부터 스스로에게 미션을 주었다. '오늘은 드라이 10명 하기' 같은 미션이었다. 드라이하려면 샴푸를 해야 했다. 그래야 마무리로 드라이까지 할 수 있었다. 샴푸는 힘든 일이라서 스태프들이 피하고 싶은 것 중 하나인데 스스로에게 드라이하기 미션을 준 날에는 샴푸를 도맡아서 했다. 시술 중 스트레이트를 한 머리는 팩을 발랐기 때문에 샴푸 하는 게 고되었다. 팩 찌꺼기 없이 말끔하게 헹궈내고 나면 허리가 끊어질 것처럼 아파서 동료들이 피하는 일 중 하나였다. 그래도 나는 드라이를 해볼 욕심에 스트레이트 고객 샴푸도 나서서 했다. 파마할 때도 장갑을 손에서 빼지 않을 정도로 연이어서 계속했다. 살롱의 작은 일을 찾아서 한 것처럼 기술을 배울 때도 그렇게 했더니 어느 순간부터 파마만큼은 자신 있게 할 수 있게 되었다.

그러다 근무한 지 1년쯤 됐을 때 그 살롱을 그만두게 되었다. 주인의식을 가지고 열심히 일하면 인정받을 수 있을 거라는 생각에 살롱의 크고 작은 일들을 찾아서 했고, 동료들이 자신들이 하기 싫은 일을 부탁하면 거절하지 않고 도와주었는데 어느 날부턴가 그게 나의 일이 되어버렸다. 호의가 아니라 내가 당연히 해야 하는 일로 인식이 되어버린 거였다. 묵묵히 도와주면 그 호의를 알아줄 거로 생각했는데 내 생각과 반대 상황이 됐다. 그리고 어느 날 그동안 쌓여왔던 감정이 폭발하고 말았다. 그날도 동료 중 한 명이 자기 일을 나에게 떠넘겼다. 당연한 듯이 요구한 그 친구에게 못하겠다며 큰 소리로 거절했다. 그랬는데 살롱 동료들 반응이 더 의외였다. 나의 억울한 마음을 동료들이 이해해줄 거로 생각했는데 그동안 아무렇지 않게 하다가 갑자기 왜 그러냐는 식이었다. 나에게 일을 떠넘긴 동료보다 그들의 반응이 더 서운했고, 내 마음을 이해받지 못한 게 억울했다. 나중에 생각해보니 동료들은 내 행동이 이해가 가지 않았을 수도 있겠다 싶었다. 그동안 내가 거절하지 않았고, 표현하지 않았으니까 동료들은 내 속마음을 알지 못했을 수 있다. 솔선수범했던 행동은 있었지만, 표현은 없었으니까. 그때까지만 해도 나는 표현하는 방법을 알지 못했다. 동료들도 내 마음과 같을 거로 생각했고, 건강한 관계가 어떤 것인지를 알지 못했다. 동료들에 대한 서운함과 그곳에 계속 있으면 내 역할은 운영을 지원하는 일에 고정되어 기술이 늘지 않겠다는 생각이 들어서 결국 그 미용실을 그만두게 되었다.

살롱에서 성실하게 근무한 것에 비해 마무리는 흔쾌하지 않았지만, 그 1년 동안 많은 것을 배웠다. 돌아보면 그곳에서의 시행착오가 나에게 교훈을 줘서 이후에 살롱을 운영할 때 많은 도움이 되었다. 행동도 중요하지만 자기 생각과 감정을 잘 표현하는 것도 그것 못지않게 중요하다는 것을 배웠다. 또한, 관계에 대해서도 생각해볼 계기가 되었다. 일방적으로 도움을 주는 관계가 좋은 것만은 아니고 쌍방향으로 흘러야 직장 안에서 건강한 관계가 유지된다는 것을 그때 경험을 통해 배우게 되었다.

그곳을 그만두고 여러 곳의 살롱을 거치면서 처음과 같은 실수를 하지 않게 되었다. 물론 여전히 그 후로도 주인의식을 가지고 살롱에서 적극적으로 움직였다. 이철헤어커커 성신여대점에서 근무할 때도 막내나 마찬가지인 초보 디자이너로 들어가서 1년이 지날 무렵에는 경영 업무를 하는 위치가 되었다. 돈 관리만 하지 않았을 뿐이지 직원 출근 관리, 마케팅 기획, 내부 규칙 제정, 인테리어 리모델링 등을 주도적으로 했다. 그런 경험이 있어서 나는 명동점을 운영하는 것에 자신이 있었다.

나쁜 조건이 만들어준 기회

다른 디자이너들도 그렇겠지만 나의 꿈은 내 살롱을 오픈하는 거였다. 이철헤어커커 명동점 인수로 그 기회가 온 것이다. 물론 조건이 좋지 않았고, 동료들이 말한 것처럼 위험부담도 컸다. 그런데 그랬기 때문에 그 기회가 나에게 온 것이었다. 만약 조건이 좋았다면 벌써 누군가 명동점을 인수했을 터. 돈도 없고 이력도 충분하지 않은 나한테까지 그런 기회가 오지 않았을 것이다. 게다가 내가 돈을 충분히 모아서 살롱을 오픈하기란 요원한 일이었다. 근무하던 성신여대점에서 매출 탑을 올리고 있기는 했지만, 디자이너의 월급으로 돈을 모아서 살롱을 오픈하자면 그게 언제가 될지 알 수 없는 일이었다. 그래서 욕심을 냈고 더군다나 이철헤어커커라는 브랜드 살롱이었기에 더 인수하고 싶었다. 여러 가지를 고려했을 때 망설일 이유가 없었다. 그간 살롱에서의 경험을 믿고 밀어붙이기로 했다.

결과는 내 판단이 맞았다. 디자이너 한 명과 스태프 2명으로 시작해서 본사에 갚아야 할 빚을 1년 만에 다 갚았다. 직원들 월급과 살롱 운영비를 제외하고 순이익만 한 달에 1,000만 원이 넘었다. 그래서 매월 500만 원씩 빚을 갚아나갈 수 있었고 1년 안에 빚을 청산하게 되었다. 또 살롱을 오픈한 지 채 1년이 안 됐을 때 IMF가 왔지만, 걱정과 달리 매출이 떨어지지 않았다. 그래서 그곳에서 2년 동안 영업을 한 뒤 더 넓은 공간으로 확장 이전하게 되었다. 그것이 서른 살전에 이뤄진 일이었다.

　뜻밖의 행운이라는 뜻으로도 얘기되는 세렌디피티(Serendipity)란 말이 있다. 많은 사람이 자기 삶에서 세렌디피티가 일어나길 바랄 것이다. 하지만 행운이 우연히 나에게 온다고 하더라도 내가 그것을 받아들일 준비가 되어 있지 않으면 그 행운은 나에게 머무르지 않고 지나가게 될 것이다. 실수도 있었지만, 내가 근무했던 곳에서 적극적으로 내가 할 수 있는 일을 찾아서 했고 그것이 때로는 나에게 과분한 역할을 부여했지만, 그것을 거부하지 않고 성실하게 수행해왔다. 그 덕에 기회가 나에게 왔을 때 그동안의 경험을 자산 삼아 성장할 수 있게 되었다. 기회는 언제 오겠다고 예고하지 않는다. 따라서 언제 올지 모르는 기회를 잡기 위해 오늘에 충실할 필요가 있다.

두둑한 배짱 활기찬 인생

　지금 나는 직영점과 파트너 지점 10개를 운영하는 뷰티그룹 〈더 드림아카데미〉의 수장을 맡고 있다. 그전에는 헤어디자이너로서도 실력을 발휘하여 미용 분야의 트렌드를 이끌어왔다. SFFA 패션쇼 헤어 팀에서 활동하고, 세종문화회관에서 헤어쇼를 선보였으며, 로레알 포트폴리오 그룹의 멤버로 프랑스 파리에 가서 올해의 헤어트렌드를 발표하는 등 탑스타일리스트로 오랫동안 활동해왔다.

　하지만 나에게도 햇병아리 같은 시절이 있었다. 나는 어려서부터 지극히 내성적인 성향이었는데, 청년이 되어서도 변함이 없었다. 대전에서 미용학원을 수료하고 서울에서 미용을 시작하게 됐는데, 첫 살롱이 이화여자대학교 정문 근처에 있었다. 아침에 출근할 때면 전철역에서부터 이대생들과 나란히 걷게 되었고, 여성들 무리에 섞여 걷는 게 부끄러워 땅만 내려다보고, 그것도 인도가 아닌 차도로 내려가 걸었다. 일주일이 지나고부터는 인도로 올라가 걸었고 한 달이 지나서야 간신히 고개를 들고 걸을 수 있게 되었다.

이렇게 내성적인 성격에다가 소극성도 있었다. 또한, 모두가 그런 것은 아니지만 내가 나고 자랐던 지역의 사람들 특징 중 하나는 나서지 않는 거다. 자신이 원하는 바를 내세우지 않고, 제 할 일 제대로 하면 누군가는, 언젠가는 알아주겠지 하는 그런 마음이 있었다. 거기다 내 쪽에서 먼저 뭔가를 요구하면 없어 보인다는 인식도 있었다. 내성적인 데다 고향 사람들이 갖고 있는 소극적인 성향까지 있어서 미용 일을 하는 데 어려움이 있었다. 그래도 사람들을 응대하는 일에 조금씩 익숙해져 갔다. 하지만 일을 열심히 하면 알아줄 거라는 생각은 나의 기대와 달랐다. 현실은 내가 생각한 것보다 훨씬 냉정했다. 열심히 일을 하면 잘한다고 인정은 해주지만 월급까지 알아서 올려주는 건 아니었다. 솔선수범해서 일하더라도 그것 또한 당연한 일이 되었다.

1년이 다 되어갈 때쯤 동료와의 마찰도 있었고, 나란 사람은 서울이라는 도시에서는 적응하지 못하겠구나 싶었다. 전국 각지에서 청운의 꿈을 안고 올라온 사람들이 모여있는 서울이 정글처럼 느껴졌다. 강한 사람만 살아남을 수 있는 정글 같았다. 살롱도 마찬가지였고. 성공하기 위해서는 성실히 일하는 것도 중요하지만 자신을 어필하는 것도 필요한데, 나는 성향상 그러지 못하고 앞으로도 치열한 경쟁에서 살아남기 어렵겠다는 생각이 들었다. 또한, 일 년 동안 한눈팔지 않고 일만 한 탓에 삶의 활기도 없고 재미도 없었다. 그래서 나한테 익숙한 고향에 가서 미용을 계속하기로 마음먹었다.

내 인생을 바꾼 한 권의 책

서울에 올라올 때 그런 것처럼 고향으로 내려가기 위해 가방 하나 달랑 들고 서울역으로 갔다. 곧바로 떠나는 기차를 탈까 하다가 그래도 언제 또 서울에 올지 모르니 서울의 대표적 명소인 63빌딩이나 보고 가야지 했다. 그래서 저녁에 떠나는 기차표를 끊어두고 63빌딩이 있는 한강으로 가기 위해 전철역으로 향했다. 전철역으로 가는 중간에 책과 신문, 잡지 등을 파는 가판대가 있었는데 그 앞에서 발을 멈췄다. 평소에 책을 잘 읽지도 않으면서 그날은 어쩐 일인지 책이 눈에 들어왔다. 선 채로 책을 구경하다《두둑한 배짱 활기찬 인생》이라는 책 한 권을 집어 들었다. 어차피 기차 탈 때까지 시간이 많이 남았으니 틈이 날 때 읽으면 좋겠다 싶어서였다. 한강으로 가서 벤치에 앉아 책을 펼쳤다. 내용은 별것 없었다. 제목에서 말하는 것이 전부였다. 배짱 있게 살면 인생이 활기차진다는 것이었다. 그럼에도 그때의 나에게는 그 책 내용이 큰 깨달음을 주었다. 특히 표현이 필요하다는 저자의 말은 지난 1년 동안의 내 태도를 되돌아보게 했다. 저자는 독일에 있는 일본영사관에 근무하면서 여성 동료 중 한 명에게 호감을 느꼈지만, 그녀를 바라보기만 했다. 그런 경험을 이야기하면서 배짱 있게 표현할 필요가 있음을 얘기했다. 그 책을 읽고 나니 나에게도 내 의견을 표현하는 일이 필요했고, 말하지 않아도 알아줄 거라고 기대했던 건 나의 판단 착오였다는 생각이 들었다. 그리고 무엇보다 나에게는 배짱이 없다는 걸 인정해야만 했다. 그 책을 읽고 나자 다시 도전해보고 싶은 마음이 생겼다. 그리고 다시 한다면 잘할 수도 있을 듯했다. 그래서 고향에 내려간 지 3일 만에 서울로 다시 올라왔다.

커트를 배우러 갔다가 커트만 하게 돼

지금이야 오프라인에서도 그렇고 인터넷에 각종 구직 사이트가 있어서 취업 정보를 알아보기 쉽지만, 그때는 지인 소개 아니면 미용 재료상을 통해서 취직하는 방법이 일반적이었다. 서울로 올라온 나는 재료상 중 한 곳에 전화를 걸어서 취직 좀 시켜달라고 했다. 어느 정도 할 줄 아느냐고 물어서 커트를 배우고 싶다고 했더니 알겠다고 했고, 재료상에서 오신 그분을 만나 경희대 앞에 있는 비둘기 미용실이라는 곳으로 갔다. 재료상으로부터 "이 친구 잘할 거다"라는 얘기를 들은 원장님은 별다른 말 없이 내일 출근할 때 커트 도구만 챙겨오라고 했다.

다음날 출근했더니 원장님은 없고 디자이너들만 있었다. 남자 손님이 오자 디자이너 중 한 명이 나더러 커트하라고 했다. 커트 경험이 없었지만 나는 망설이지 않고 손님을 맡았다. 책에서 읽은 대로 배짱을 부린 거였다. 두둑한 배짱이 있어야 인생이 활기차진다고 했으니 나도 그렇게 해본 거였다. 어떻게 마무리했는지 모르게 첫 손님이 가고 두 번째 손님을 맞았다. 역시 어떻게 했는지 모르게 마무리해서 보냈다. 그때만 해도 나는 디자이너들이 내 실력을 테스트하는 거로 생각했다. 내가 커트할 줄 아는지 모르는지, 하면 어느 정도의 실력인지 가늠하기 위해서 맡긴다고 생각했다. 그러면서도 틈이 나면 다른 선생님들은 커트를 어떻게 하는지 관찰했다. 그러다가 손님이 오면 선생님들이 하던 것을 흉내 냈다.

어찌어찌 일과가 끝났다. 내가 그날 커트한 손님은 일곱 명쯤 되었다. 오후에서야 미용실에 오셔서 나를 지켜본 원장님이 "김 선생! 왜 안경 안 쓰고 왔어?"라고 물었다. 면접 볼 때는 안경을 쓰고 갔는데 첫날 잘 보이고 싶은 마음에 렌즈를 끼고 갔던 터였다. 잘 보이고 싶어서 렌즈를 꼈다는 대답에 원장님은 내일은 안경을 쓰고 오라고 했다. 다음날 갔더니 또 손님을 줬다. 첫날 커트를 몇 번 해본 경험이 있어서인지 잘하지는 못했지만, 그럭저럭 흉내는 낼 수 있었다. 안경을 쓰고 가서 시력이 나오기도 했고. 그날 손님 열 명의 커트를 했더니 하는 방법이 조금은 감이 잡혔다. 그러고 나서 한 달 만에 실력이 엄청나게 늘었다. 손님이 많은 곳이라 경험이 실력을 키우게 했다.

나중에 원장님이 그런 얘기를 했다. 소개해준 분이 남자 커트 정도는 할 줄 안다고 해서 받았는데 첫날 왔는데 너무 못하더라는 거였다. 그런데 면접 본 날 안경 쓰고 온 게 생각나서 안경을 쓰고 오라고 했고, 안경 쓰고 하는 걸 보니 하면 실력이 늘겠다고 해서 계속 일하게 했다고. 원장님 기대대로 한 달 만에 커트 실력이 좋아졌고, 파마 실력이야 그 전에 이대 앞 미용실에 근무할 때 했던 경험이 있어서 그건 자신 있게 할 수 있었다. 비둘기 미용실에서의 경험은 운도 좋았지만 《두둑한 배짱 활기찬 인생》이라는 책에서 얻은 교훈이 컸다. 그 교훈대로 두둑하게 한번 배짱을 갖고 살아보자고 다시 시작했는데 그게 통했던 것 같다. 그리고 또 하나의 비결은 순발력이다. 어쩌면 눈치일 수도 있겠다. 첫날 긴장되는 와중에도 디자이너 선생님이 커트하는 것을 관찰하고 그대로 흉내 내려고 했던 순발력이 있었기에 다음 기회가 주어졌다고 본다. 예측할 수 없는 상황을 내 것으로 전환할 수 있으려면 순발력이 필요하다. 순발력은 타고나기도 하지만 의식적으로 훈련하면 길러지기도 한다.

성장 후의 슬럼프, 배움으로 극복

미용업은 사람과 사람이 만나는 일이다. 그래서 첫인상이 중요하다. 어떻게 인사를 하느냐에 따라 첫인상이 달라지고 그날 시술의 성패도 판가름난다. 그전에 인사라는 건 사람에 대한 가장 기본적인 예의이기도 하다. 고객들은 살롱을 찾아올 때 반갑게 맞아줄 거라는 기대를 하고 온다. 하지만 살롱 직원들은 대부분 일을 하고 있고 일을 하다 보면 바빠서 인사하는 걸 놓치기도 한다. 방금 문을 열고 들어온 고객도 중요하지만, 지금 머리를 만지고 있는 고객에게도 집중해야 하기 때문이다.

그런가 하면 미용인 중 어떤 이는 인사는 안 해도 머리만 잘 자르면 된다고 생각할 수 있다. 하지만 그러면 결과가 좋지 않을 확률이 높다. 왜냐하면 머리는 주관적인 평가가 작용하기 때문이다. 고객의 기분이 좋지 않으면 스타일이 아무리 좋게 나와도 머리가 예쁘지 않게 느껴질 수 있다. 고객의 그 기분의 시작은 첫인상 그리고 인사를 나누는 사람과 사람의 관계에서 시작된다. 그러니까 첫 만남이 좋지 않으면, 머리가 꼭 불만은 아니지만 마음에 들지 않다고 느낄 수 있게 된다.

서비스하는 업종에서는 어느 회사나 인사하기를 기본으로 가르친다. 사업이 번창하고 괜찮은 회사일수록 인사에 대한 부분을 놓치지 않는다. 사람 관계에서의 시작점인 인사를 통해 밝고 긍정적인 관계를 형성하기 때문이다.

살롱에서 생활하다 보면 안타까운 사례를 만나곤 한다. 기술은 좋은데 표정이 좋지 않거나, 기본 예의인 인사에 소홀하거나 자기 생각과 감정을 제대로 표현하지 못하는 경우가 그렇다. 이들의 인성이 바르지 않아서가 아니다. 인사를 잘하는 환경을 접하지 못했거나 훈련받은 경험이 없어서일 것이다. 인사를 잘해야 한다고 일러주는 사람이 없었거나, 그걸 못해서 큰 불이익이 있었던 것도 아니라서 태도를 중요하게 생각하지 않고 기술에만 신경을 썼을 수도 있다. 내 경험에 비춰볼 때 그런 태도는 성공에서 멀어지게 만든다. 당장 눈앞에 있는 고객을 만족시키지 못하면 미래의 고객에게도 그렇게 할 확률이 높다. 또한, 만족하지 못한 고객이 다시 올 거라는 보장도 없다. 따라서 바쁘더라도 바쁘다는 것을 핑계 삼지 말고 태도를 바르게 하려고 훈련해야 한다. 인사를 잘하는 것도 훈련이 필요하다.

나는 어려서부터 굉장히 내성적이었다. 명절에 친척들을 만나도 부끄러워서 아버지 옆에서 고개만 숙이고 있었고, 친척 어른들이 "네가 민섭이구나" 하고 말을 걸어도 얼굴이 빨개진 채 대답도 못 했다. 그러고는 친척 집 한쪽 구석에 가만히 앉아있다 돌아오곤 했다. 물론 착하다는 소리를 듣기는 했지만 그런 성격으로 미용업을 선택했으니 처음엔 정말 힘들었다. 여성을 응대하는 일이 많은 직업을 선택했는데, 여성들과는 눈도 못 마주치고 말도 못 걸었다. 정글 같은 남성들의 세계에서 살아남을 수 있는 강한 성격도 아니었다. 어쨌든 내가 변해야만 하는 상황이었다. 그래서 나를 변화시키려는 노력을 부지런히 했다.

섬 같은 고립감

내 살롱에서 오너가 되면 행복할 줄 알았다. 근데 행복하지 않았다. 공허했다. 직원들과 상하 관계가 아닌 동료처럼 평등하게 지내려고 노력했다. 직장 생활했을 때 직원의 입장을 겪어봐서다. 미용을 시작하기 전 어린 나이였을 때 다른 직종에 종사한 적이 있다. 그때 우리 회사라는 생각으로 회사에 애정을 가지고 근무하는데도 사장은 직원들을 믿지 못했다. 월급도 일한 것에 비해 턱없이 부족했다. 불합리하다고 느껴졌다. 헤어디자이너로 일할 때도 마찬가지였다. 열심히 일해도 인정받지 못한 데서 오는 서운함과 아쉬움이 컸다. 그래서 나랑 같이 일하는 내 직원들은 그런 감정을 느끼지 않도록 급여와 근무 조건을 잘 챙기려 애썼다. 그리고 동료로서 가까이 다가가려고 했다. 하지만 나의 노력에도 불구하고 직원과 나 사이에는 보이지 않는 벽이 있었다. 넘을 수 없는 2%가 있었고 섬처럼 외로웠다. '이러려고 원장이 된 건 아닌데? 뭐하러 원장이 됐을까? 차라리 디자이너로 있을걸' 하는 생각이 자꾸 들면서 외롭고 행복하지 않았다. 돈은 벌었지만, 슬럼프에 빠지게 되었다.

그 시절에 내 명함은 '해피니스 디렉터 김민섭'이라고 되어 있었다. 행복을 기획하는 사람, 행복을 만드는 사람, 행복을 전달하는 사람이 되고 싶어서 그렇게 만들었다. 그런데 정작 살롱 오너가 된 나는 행복하지 않았다. 어떻게 하면 행복해질 수 있을까, 행복해지는 방법을 고민하다가 웃음치료사를 떠올렸다. 디자이너 시절에 서비스 교육을 받을 때 접했던 게 생각나서였다. 인터넷으로 웃음 치료를 배울 수 있는 곳을 찾아서 웃음을 배우러 갔다.

웃음은 20초만 웃어도 3분 동안 유산소 운동을 한 것과 같은 효과를 얻을 수 있다. 또한, 웃음은 면역 체계를 강화하며 신진대사 기능을 안정화하고, 심리적으로도 스트레스를 예방하고 행복감과 만족감을 느끼게 만든다. 웃음치료사 자격증을 취득한 분 중에는 호스피스 병동에서 자원봉사활동을 하기도 한다. 말기암 환자들이 잠시나마 고통을 잊을 수 있도록 도움을 주는 활동을 하는 것이다. 말기암 환자들은 암 치료 과정에서 진통제에 오랫동안 노출이 돼 생의 마지막 시기에는 더 이상 진통제의 진통 효과를 얻을 수 없는데, 그때 웃으면 뇌에서 엔도르핀이 분비되고 면역세포인 NK세포가 활성화되어 일시적으로 고통을 줄일 수 있게 된다. 웃음이 그런 효과가 있어서 나의 우울감도 치유할 수 있을 거라는 기대가 있었다.

웃음 치료 연수 기간인 2박 3일 동안 웃음에 대한 이론 수업을 듣고 박장대소, 포복절도 등 다양한 방식으로 웃는 방법을 배우며 웃는 연습을 했다. 자격증 취득반이었지만 나한테는 자격증보다는 치유가 목적이었다. 처음엔 웃는 게 쉽지 않았다. 원래도 잘 웃지 않는 편인 데다가 남들 앞에서 강제로 웃어 보이는 게 쑥스럽고 어색하기만 했다. 그래도 신기한 게 억지웃음이지만 웃으려고 노력하니까 웃어졌다. 그리고 내 안에서 긍정적인 기운이 움트기도 했다.

그런데 문제는 실생활이었다. 웃음 치료 연수 때는 웃어졌는데 생활로 돌아오면 웃음이 사라졌다. 그래서 처음 갔던 웃음 치료 기관이 아닌 다른 협회로 찾아가서 또 연수를 받았다. 그걸 여러 번 반복했다. 에너지가 다운된다 싶으면 다시 웃음을 배우러 갔다. 그랬더니 실생활에서도 웃을 수 있게 됐고 고객을 대할 때도 여유가 생겼다. 그런 효과를 보고 나서 직원들에게도 웃음 치료를 권유했다. 직원들도 나처럼 행복해졌으면 하는 바람에서였다. 다행히 나의 의도를 알아준 직원들은 웃음 치료 연수에 적극적으로 참여했고, 웃음이라는 공감대가 생기자 직원들과의 관계도 한결 편해졌다.

나를 발전시킬 수 있는 연수를 찾아 듣다

웃음치료사 연수를 받고 나서도 기회가 될 때마다 나를 성장시킬 수 있는 각종 연수에 참가했다. 이철헤어커커 경영자 교육 과정, 카네기리더십 CEO 과정, 크리스토퍼리더십 과정 등을 수료했다. 이런 교육을 이수하면서 표현과 태도를 적극적으로 변화시킬 수 있었고, 나의 사고도 디자이너에서 경영자로 전환하는 기회가 되기도 했다. 살롱 오너는 디자이너이기도 하지만 그것만으로 살롱을 이끌어갈 수는 없다. 미용 기술도 중요하지만 살롱을 운영하는 리더십과 마인드도 필요한데, 리더십 과정에 참여한 다른 분야 리더들을 보면서 리더로서 지녀야 할 자세에 대해 보고 배울 수 있었다.

슬럼프를 극복하기 위해 웃음 치료에 참여했던 것 또한 좋은 결과를 가져왔다. 웃음 치료를 받고 난 후 웃음을 살롱 문화에 도입함으로써 살롱이 밝고 긍정적으로 바뀌었고, 직원들도 수동적 자세에서 능동적으로 변화했다. 여전히 직원들과의 사이에 보이지 않는 벽이 존재하기는 했지만, 그것은 더 이상 문제가 되지 않았다. 그것을 당연하게 받아들이게 됐다. 원장과 직원 사이에는 거리가 있을 수밖에 없고 관점이 다를 수밖에 없다는 걸 인정하게 된 것이다. 그것을 인정하고 직원들이 나와 같기를 바라는 마음을 접고 원장으로서의 내 역할을 고민하고 그것에 충실했다. 원장의 역할은 구성원들이 성장할 수 있도록 모범이 되고, 성장하는 방법을 알려주는 사람이라는 생각에 그런 역할을 했다.

원장은 직원들을 잘 가르쳐서 사람을 키우는 게 일이다. 그런데 잘 가르쳐서 직원들이 잘 성장하면 다른 곳으로 이직하거나 독립하는 경우가 많다. 있을 수 있는 일인데도 초창기에는 그런 일이 상실감으로 다가왔다. '이성적으로는 그럴 수 있지, 끝까지 남아있길 바라는 건 내 욕심이지'라고 생각하면서도 감정적으로는 서운함과 배신감이 느껴졌다. 하지만 직원과 나의 견해 차이를 인정하고, 인정하려고 노력하다 보니 상실감을 줄일 수 있고 오히려 사람을 키운다는 것에 보람을 느낄 수 있게 됐다. 여전히 거리는 있었지만 더는 섬으로 생각하지 않게 됐다.

성장하려면 지금의 성취를 버려라

내가 생각하는 나의 장점 중 하나는 끊임없이 자신의 성장을 독려한다는 것이다. 사람들은 나에게 미용인으로 성공했다고 하지만 나는 성공이라는 말을 쓰는 걸 주저하곤 한다. 성공이란 그 자체로 완료의 의미가 있다고 생각하기 때문이다. 하지만 성장은 그렇지 않다. 성장은 지속성을 갖는다. 나는 내 삶이 계속되는 한 성장해 나아간다고 생각한다. 그리고 성장하는 일이 즐겁고 성장을 위한 경험들이 흥미롭다. 언젠가 한 번은 성장을 위해 현재의 성취를 버린 적도 있다.

나에게 남자 커트를 배울 기회를 준 비둘기 미용실에서 근무한 지 1년이 채 안 되어 다른 미용실로 옮겨갔다. 여자 커트를 배우기 위해서였다. 지금은 실력을 키우기 위해 살롱을 옮겨 다니는 걸 권장하지 않지만, 그 당시는 실력을 키우기 위해서는 새로운 곳으로 옮겨 다니는 게 일반적이었다. 이번에도 재료상을 운영하는 소개인에게 여자 커트를 배우고 싶다고 했는데 그는 그곳에서도 내가 여자 커트를 할 줄 안다고 얘기했다. 그 말을 듣고도 그 자리에서 여자 커트를 할 줄 모른다고 할 수 없었다. 소개해준 분을 난처하게 만들고 싶지 않아서였다. 새로 옮긴 살롱은 대학가에 있었고 고객 또한 대학생 위주라서 커트 손님이 많지 않았다. 긴 머리 손님이 많아서 파마 시술이 주였다. 주로 파마하고 아주 가끔 커트하기도 했는데 6개월 만에 그곳에서 매출 탑이 됐다. 경력이 많은 디자이너가 있었는데도 그랬다. 매출 탑이 된 비결은 친절함이었다. 커트 실력이 부족하니까 고객에게 최대한 친절했다. 인사도 잘하고 시술할 때도 정성을 다했다. 정성을 다한다는 진심이 고객에게 닿을 수 있게 세심한 부분까지 신경을 썼다. 내가 부족한 걸 아니까 마음으로라도 잘해주려고 애를 쓴 것이다. 그랬더니 6개월이 되자 경력이 많은 탑디자이너를 제치고 매출에서 1등이 됐다.

하지만 매출에서 탑을 해도 기쁘지 않았다. 스스로 취약점을 알고 있어서였다. 여자 커트를 못 한다는 것. 나는 주로 긴 머리 고객을 맡았고, 고객이 단발로 자르겠다고 하면 그걸 만류했다. 또 웨이브 머리의 손님이 와서 커트하겠다고 하면 기분 전환할 수 있게 스트레이트로 해보자, 그런 다음에 잘라도 늦지 않다, 일단 예쁘게 펴줘 보겠다는 식으로 커트를 피했다. 반대로 생머리를 한 손님이 머리를 자르겠다고 하면 분위기가 바뀌도록 웨이브를 넣자거나 예쁜데 왜 자르려고 하느냐, 웨이브 해보고 맘에 안 들면 그때 자르자고 권유했다. 그러고는 미안함을 보상하기 위해 정말 정성을 다해 시술했다.

그런 식으로 버텼지만 계속 이럴 순 없다는 생각이 들어 피하지 말자, 배짱을 가지고 커트하자고 결심했다. 그런 결심을 한 후 여자 고등학생을 손님으로 맞았다. 머리를 자르겠다고 했다. 얘기를 잘해서 자르지 않게 할까 싶은 마음도 들었으나 피하지 않기로 했다. 그래서 과감하게 첫 커트를 들어갔다. 시작을 소극적으로 하면 또 하다가 말 듯해서 되돌릴 수 없게 싹둑 잘랐다. 그렇게 커트를 시작했는데 그다음부터 어떻게 해야 할 줄 몰랐다. 순서도 생각나지 않고 모양도 만들어지지 않았다. 한 시간을 끙끙대다가 어떻게 수습해서 보냈다. 그렇게 보내고 나서 후회했다. 그러지 말 걸 하고 후회했지만, 이미 늦은 뒤였다. 문제는 다음날 터졌다. 그 학생의 어머니가 찾아와서 불같이 항의했다. 내가 할 수 있는 일은 그분에게 사과하는 것밖에 없었다. 죄송하다, 죄송하다, 사과하고 또 사과했다. 그렇게 한바탕 일을 치르고 나니 배우지 않고는 할 수 없겠다는 생각이 들었다. 매출로 탑이 되었지만 제대로 기술을 갖추지 않는 상태에서 어설프게 디자이너가 되었구나, 여기서 매출로 1등이 된다 한들 정상적인 기술을 가지지 않으면 이걸 얼마나 유지하겠나 싶었다. 기술을 배워야겠다고 원장님께 얘기하고 다른 곳으로 옮겼다. 그리고 기술을 제대로 배우기 위해 디자이너가 아닌 인턴으로 취직했다. 청담점에 있는 이철헤어커커였는데 인턴으로 일하면서 제대로 된 교육을 받고, 제대로 커트 기술을 배웠다. 다행히 경험이 있어서 커트 기술과 방식, 요령들이 눈에 잘 들어왔다. 어깨너머로 배우는 게 전부였지만 일을 하면서 보고 배우고, 보고 배우는 것을 반복하면서 빠른 속도로 기술을 습득했다. 그러고 나서 다른 곳으로 옮겨 가서 거기서는 제대로 된 실력으로 매출 탑을 기록했다.

지금을 버릴 수 있는 용기

이철헤어커커에 인턴으로 입사해서 그곳에서 디자이너로 성장하지 않고 다른 살롱으로 옮긴 데는 이유가 있었다. 청담에 있는 이철헤어커커 살롱은 대단한 실력을 갖춘 사람들이 모인 데다 인원도 많아서 디자이너로 데뷔하기에는 시간이 오래 걸리겠다 싶었다. 그래서 명동에 있는 작은 살롱으로 옮겼는데 계속 이철헤어커커가 생각났다. 이철헤어커커라는 브랜드 때문이었다. 브랜드라는 건 이름뿐만 아니라 그 이름에 걸맞게 실력 있는 디자이너들이 소속되어 있어 그들과 함께 일한다는 것만으로도 매력적인 일이라는 생각이 들어서였다. 시스템 또한 체계적이어서 안정적으로 일할 수 있을 거라는 기대도 있었다. 그래서 이철헤어커커에 미련을 두던 차에 이화여대 앞에 이철헤어커커 지점이 생겼고 디자이너를 구한다는 소식을 접했다. 거기로 면접을 보러 갔다.

오전 10시에 가서 본부장님을 만났는데 몇 가지 물어보더니 별말 없이 밖으로 나가버렸다. 출근하라는 말도 나오지 말라는 말도 없었다. 대답을 듣지 못했으니 그 자리에 앉아서 기다렸다. 기다리다가 직원들에게 어디 가셨는지 물었더니 모르겠다며 이따 오실 거라고

만 했다. 알겠다며 기다렸는데 한참을 기다려도 오지 않았다.

"점심때는 오시겠죠?"

"글쎄요. 아까 무슨 말씀 없으셨어요?"

"아무 말씀 없으셨어요."

"언제부터 나오라고는 하셨어요?"

"아니요."

그러고 다시 기다렸다. 그런데 기다리면서 알았다. 떨어진 거라는 걸. 그걸 알았지만, 본부장님 대답을 들으려고 기다렸다. 그리고 그곳에서 디자이너로 활동하고 싶다는 얘길 하려고 기다렸다. 본부장님은 저녁이 다 되어서야 돌아왔다. 그때까지 앉아서 기다리는 나를 보더니 아직 안 갔느냐며 막 웃었다.

"인사드리고 가려고요."

"그래? 내일 나와봐라."

그렇게 이철헤어커커에서의 디자이너 생활이 시작됐다. 미용인으로 살아온 지 30년이 넘은 지금도 나는 여전히 내성적인 편이다. 하지만 나의 성장을 위해 도약할 기회가 주어졌을 때는 체면이나 사람들 시선을 의식하지 않고 목표만 바라보고 과감해진다. 디자이너로 활동할 때도, 더드림아카데미를 이끄는 수장이 되어서도 마찬가지다. 나에게는 지금보다 미래가 중요했다. 따라서 현재의 성취에 취해 있기보다는 지금 내가 무엇을 할지, 앞으로 무엇을 할 수 있을지를 생각하고 그것을 이루려 노력했다. 그래서 때로는 현재 누리고 있는 것을 버리고 바닥으로 내려가는 선택을 했다. 그렇다고 하더라도 지금까지의 내 경험과 성과가 없어지는 것은 아니니까. 오히려 이전에 했던 경험과 바닥에서 습득할 수 있는 기술이 만나서 나를 더 실력 있는 디자이너로 만들었다. 그리고 뭘 해도 할 수 있다는 자신감이 나를 앞으로 나아가게 하는 동력이 되었다.

영국에서 자신감을 얻다

23살에 인턴으로 시작해서 24살에 남자 커트를 배우고 익혔고, 작은 살롱에서 디자이너로 활동하다가 25살에 다시 이철헤어커커의 인턴으로 들어갔다가 거기서 익힌 실력으로 명동 살롱을 거쳐 이철헤어커커의 디자이너가 되었다. 다른 곳에서도 그랬지만 이철헤어커커 지점에서도 실력과 친절함을 특기로 몇 달 만에 매출 탑이 되었고, 그래서 저축도 하게 되었다. 그 돈으로 차를 살까 고민하던 중 회사에서 비달사순 연수 계획이 있다는 걸 알게 되었다. 처음으로 내 차를 가져볼 기회가 있었으나 그걸 포기하고 비달사순 연수 경비로 쓰기로 했다.

실력을 쌓아서 디자이너가 되고 매출에서도 좋은 성과를 보이고 있었지만, 커트에 대한 자격지심이 있었다. 커트하는 방법을 몰라서 미용실을 그만두었던 실패가 트라우마처럼 남아있었고, 유명한 비달사순에 가서 커트를 배운다는 것만으로도 멋진 일이라는 생각이 들었다. 또한, 그때 나는 외국 진출에 대한 열망이 있었다. 대전에서 서울로 온 것도 서울에서 일을 하다가 서울에서의 경험을 발판 삼아 외국으로 진출하고 싶어서였다. 그런 목표가 있었기에 비달사순 연수는 고민할 이유가 없었다.

그때 함께 갔던 일행 중에 헤어디자이너를 꿈꾸던 고등학생이 한 명 있었다. 비행기에서 내 옆자리에 앉았던 인연으로 지금까지 만나오고 있는데 그 후배가 최근에 이런 얘기를 했다. "나는 그때부터 형이 잘될 줄 알았어"라고.

"왜?"

"그때 형이 우편엽서를 사서 형 어머니께 보냈잖아. 형이 영어를 못하니까 못 보낼 줄 알았거든. 근데 끝내 그걸 해내더라고. 그걸 보면서 형은 집념이 있어서 잘되겠다는 걸 느꼈지."

연수에 동행했던 분들은 국내에서 내로라하는 분들이었다. 비달사순에서 연수를 받는다는 것만으로도 설레는 일이었는데, 실력 있는 분들과 함께한다는 사실은 나를 더 기쁘게 했다. 그 기분을 어머니에게 전달하고 싶었고 영국에서 연수를 받는다는 걸 자랑도 하고 싶었다. 그래서 호텔 프런트에 가서 우편엽서를 살 수 있는 곳을 물어서 샀다. 거기에 영국 런던에 도착한 소감과 연수에 대한 기대 등을 짤막하게 적었다. 거기까지는 그나마 수월했는데 우편엽서를 보낼 방법을 찾는 데 애를 먹었다. 영어가 서툰 탓에 호텔 직원에게 내 의사가 전달이 안 되었다. 그런데도 포기하지 않고 다음 날 가서 묻고, 또 다음 날에 가서 물었다. 후배는 포기할 만도 한데, 누가 봐도 안 되는 건데 자꾸 묻는 내 모습이 인상적이었다고 했다. 결국 몇 번 시도한 끝에 우체국이 있는 곳을 찾아내어 어머니에게 엽서를 보낼 수 있었다. 우편엽서를 보내면서 나는 어떤 일을 할 때 잘할 줄 알아서 하게 되는 것이 아니라 못하더라도 하려고 노력하면 그걸 해낼 수 있다는 걸 알게 됐다. 도전하려는 마음이 있고, 내가 하려는 의지가 강하면 결과도 내가 원하는 방향으로 이루어진다는 것을 경험한 것이다. 원하는 것을 얻고 못 얻고는 나의 태도에 달린 일이었다.

의심하지 말고 뚝심 있게

그리고 그 연수에서 내가 얻은 또 다른 수확은 자신감이었다. 엽서를 부치러 우체국에 다녀오던 길에 공원 하나를 지나게 되었다. 몇몇 사람이 식당이 아닌 공원 벤치에서 도시락을 먹는 모습을 보게 되었다. 1990년대 중반이던 그때, 우리나라에서는 길거리에서 도시락 먹는 사람을 찾아보기 힘들었다. 그뿐 아니라 길거리에서 음식을 섭취하는 건 매우 초라한 행동으로 여겨지고 있었다. 그런데 영국 사람들은 당당한 모습으로 야외 벤치에서 식사했고, 지나는 사람들도 그 모습을 눈여겨보지 않았다. 이방인이었던 내 눈에는 그게 낯설면서도 멋있어 보였다. 편견이 깨지는 순간이었다. 내가 아는 게 전부가 아니었고, 세상은 내가 옳다고 생각했던 것과 다른 모습도 있고, 그게 틀린 건 아니었다.

비달사순에서의 연수도 마찬가지였다. 기대를 잔뜩 안고 커트를 배우러 갔는데 화려한 기술이 아닌 베이직과 클래식을 강조하며 기본이 중요함을 인식시켜 주었다. 나는 비달사순은 세계적으로 유명한 헤어디자이너가 운영하는 곳이라서 특별한 커트 기술이 있는 줄 알았다. 그런데 다른 것도 그렇지만, 커트에 있어서 기본기가 중요하고 그걸 바탕으로 부단히 훈련하고 현장에서 꾸준히 일하는 게 가장 중요하다는 사실을 깨닫게 되었다. 비달사순엔 내가 알지 못하는 엄청난 비법이 있을 거라는 건 혼자만의 기대였다는 걸 연수를 통해 알게 됐다. 또한, 가발이 아닌 실제 사람을 모델로 세우고 교육하는 것을 보고, 미용은 사람과 사람이 만나 소통하고 교류하는 직업이며, 그래서 더욱 매력적인 사람이 성공한다는 걸 확인하게 되었다. 일주일간의 짧은 연수는 나를 확인하는 시간이었다. 잘하고 있으니 의심하지 말고 내 방식대로 뚝심 있게 해나가면 된다는 걸 확인하는 시간이었다. 그리고 비달사순에서의 연수를 계기로 커트로 인한 실패의 경험을 잊고 보다 자신 있게 살롱에서 활동할 수 있게 되었다.

연수에서 돌아온 나는, 나를 믿고 미용 일을 했다. 명동 살롱을 인수할 때 지었던 빚을 1년 만에 다 갚고 2년 만에 확장 이전했으며, 그 와중에 국내의 헤어쇼와 패션쇼를 진행하고, 2000년에는 세종대학교 미용과에 겸임교수로 출강했다. 특히 2002년에는 세종문화회관에서 국내의 유명한 헤어디자이너들과 헤어쇼를 진행했는데 세종문화회관에서의 헤어쇼는 전무후무한 일이었다. 2002년은 IMF가 지나고 얼마 지나지 않은 때라 경기가 그다지 좋지 않을 때였다. 그래서 세종문화회관에서의 헤어쇼가 가능했고, 로레알 파리가 한국 미용인들을 대상으로 열었던 행사였다.

사람들은 대부분 자신은 부족하다고 느낀다. 하지만 누구나 자신 안에 무한한 가능성을 가지고 있다. 부족하다고 느낀다면 부족한 것이 아니라 자기 안에 있는 재능을 끄집어내지 않아서 가능성이 발현되지 못했을 뿐이다. 자신감을 가지고 자신의 방식대로 밀고 나간다면 우리가 가진 가능성은 끊임없이 개발된다고 믿는다. 인간의 뇌는 100%의 능력을 다 사용하지 못하고 평생 10%만 사용된다고 한다. 나는 우리가 가진 가능성도 마찬가지라고 본다. 노력 여부에 따라 가능성의 크기도 달라질 것이다. 나는 미용을 하면서 내가 가진 가능성의 크기를 꾸준히 키워왔다.

원장이 없어도 잘되는 살롱 만들기

30년 넘게 미용을 하면서 두 번의 위기가 있었다. 한 번은 미용을 시작하고 1년 만에 그만두려고 했던 때이고 또 한 번은 명동 1호점을 오픈하고 나서였다. 이철헤어커커 명동점을 인수해서 1년 만에 빚을 다 갚고 2년 만에 살롱을 확장 이전했다. 면적도 18평에서 50평으로 넓어졌고, 직원도 5명에서 10명으로 늘었다. 월 매출은 평균 8천만 원쯤 됐다.

살롱이 안정적으로 운영되자 나는 그동안 관심을 두었던 교육 시스템을 만드는 일에 매진했다. 살롱이 안정적으로 운영되고 더 성장하기 위해서는 직원의 성장이 동반되어야 하고 그러기 위해서는 교육 시스템이 필요하다고 생각했다. 그래서 이철헤어커커 본사에서 만들고 있던 교육아카데미 기획팀에 교육실장으로 합류했다. 살롱 운영은 부원장에게 맡기고 매일 본사로 출근해서 교육 시스템을 기획했다. 보수는 없었지만, 아카데미의 교육을 설계하는 일은 흥미로웠다. 그러는 사이 우리 살롱의 매출은 급격히 악화하였다. 그리고 내가 교육에 전념한 지 2년 만에 부원장이 더 이상 운영을 못 하겠다며 손을 들었다. 살롱 상황이 부원장이 감당할 수 없는 수준이 되어 버린 거였다.

내가 본사로 출근하고 나서도 첫 1년은 매출이 그런대로 유지됐다. 그 뒤로 매출이 조금씩 하락한 것을 확인했지만, 교육 시스템을 만드는 일이 중요하다고 보았고 교육 시스템이 안정적으로 가동되면 살롱으로 돌아오려고 했다. 하지만 교육 시스템 구축은 예상과 달리 기간이 길어졌고 잘 진행되다가 정체되고 잘 진행되다가 정체되는 걸 반복했다.

부원장의 포기 선언을 듣고 살롱 상황을 점검했더니 매출이 걷잡을 수 없을 만큼 추락해 있었다. 월 8,000만 원 정도였던 매출이 1/4 토막이 나 있었다. 교육 시스템이 완성되는 걸 확인하고 싶었지만 어쩔 수 없는 상황인지라 본사에 살롱으로 복귀하겠다고 얘기했다. 본사에서는 교육을 전담하면 자리를 보장해주겠다며 붙잡았다. 나는 우리 살롱에서 일했던 직원들을 이철헤어커커 타 지점에 배치해주면 생각해보겠다고 했다. 하지만 다른 지점에서 채용할 수 없는 상황이었고 나는 고민하다가 직원들을 책임질 생각으로 살롱으로 돌아오기로 했다. 본사에서는 회생이 가능한 시기를 이미 놓쳐서 살롱을 살리기 어렵다며 재차 만류했다.

나 역시 확신은 없었다. 내가 살롱으로 돌아와도 정상궤도에 올려놓을 수 있을지는 미지수였다. 그런데도 리더가 있는 것과 없는 것은 차이가 있고, 무엇보다 직원들을 책임지고 싶은 마음이 컸다. 나를 보고 일해왔던 동료들을 무책임하게 다른 곳으로 보내고 싶지 않았다. 살롱에 돌아와서 가장 먼저 한 일은 직원 면담이었다. 1:1 면담을 통해 직원들에게 계속 근무하고 싶은지 물었다. 어떤 직원은 끝까지 함께하겠다고 했고, 어떤 직원은 떠나고 싶지만, 살롱을 돕고 싶은 마음에 이직이 망설여진다고 했다. 나는 살롱을 생각하지 말고 좋은 기회가 있다면 가벼운 마음으로 떠나라고 했다.

행복한 살롱, 체계적인 시스템

직원들을 정리하고 난 후 남은 직원들과 손발을 맞추며 살롱을 다시 일으켜 나갔다. 살롱을 정상화하는 과정에서 빚이 생기기도 했고 다시 예전 상황으로 회복할 수 있을지 불안한 마음도 있었다. 그런 속사정을 숨기고 직원들에게는 잘하고 있다며 격려하고 마음 편히 일할 수 있는 환경을 만들어주었다. 직원들이 행여 불안해할까 봐 근무 중에는 항상 웃는 얼굴을 유지했다. 누가 봐도 괜찮지 않은 상황이었지만 직원들 앞에서는 힘든 기색을 비치지 않았다. 그러다가도 직원들이 모두 퇴근하고 살롱에 혼자 남아있을 때면 그날 치의 힘듦이 밀려왔다. 그러다가도 아침이 되면 다시 기운을 내야 했다. 그런데 나도 사람인지라 아침마다 기운을 차려야 하는 일이 무척 어려웠다. 살롱이 4층에 있어서 출근할 때면 엘리베이터를 탔는데 어떤 날은 엘리베이터 버튼을 누르지 못하고 그 앞에서 한참 서 있곤 했다. 엘리베이터에서 내려 살롱 문을 열고 들어가면 다시 전쟁 같은 하루가 시작되는데 그걸 마주하는 게 두려워서였다. 어떤 날은 차마 엘리베이터 버튼을 누르지 못하고 골목을 빠져나가 명동을 한 바퀴 돌고 나서 출근하기도 했다. 물론 문을 여는 순간엔 얼굴에 웃음을 지으면서 들어섰다.

그러면서 직원들은 어떨까를 생각해봤다. 직원들은 출근하는 게 재밌을까, 이곳에 일하러 나오는 게 행복할까, 오너인 나도 이렇게 힘든데 직원들은 마음이 편할까, 궁금했다. 또 내가 직원이라면 어떤 살롱에서 일할 때 행복할까를 역으로 생각해보니 안정과 성장이었다. 일터가 안정적이고 그 안에서 나의 성장이 담보될 수 있다면 즐겁게 일할 수 있겠다 싶었다. 그래서 구성원 모두가 행복해지는 살롱을 만들고자 했다. 이전에 다녀왔던 웃음 치료 연수를 다녀오고 직원들에게도 연수에 다녀오도록 했다. 살롱 분위기를 밝게 만들고 싶었고 무엇보다 직원들이 행복을 느끼는 살롱을 만들고 싶었다. 단순히 머리를 자르고 스타일을 아름답게 만들어주는 사람이 아니라 즐거움을 전달하는 전달자가 되길 바랐다. 그러기 위해서는 직원들이 먼저 행복해야 했다. 직원들 자신이 행복하지 않으면서 감정을 숨긴 채 고객을 '왕'으로 모시는 건 불합리한 일이었다. 그래서 웃음을 도입하고, 직원들에게 존댓말을 사용케 하고, 긍정적인 단어로 된 닉네임을 부르는 등 살롱 안에서 긍정적인 말과 표현이 오갈 수 있게 했다.

살롱 분위기를 밝고 긍정적으로 바꾸는 한편 원장인 내가 없어도 되는 살롱 시스템을 계획했다. 오너가 상주하며 끌어갈 때는 잘 되다가 오너가 빠지면 전체가 힘을 잃어버리는 것을 방지하기 위해서는 시스템이 필요하다는 생각이 들어서였다. 가장 먼저 도입한 시스템이 〈좋은 아침 만들기〉였다. 매일 아침 살롱 구성원이 모두 모여서 다섯 가지로 된 '나의 각오'를 외치고, 전날 근무하면서 보았던 동료의 좋은 태도를 칭찬하게 했다. 또 〈4반장제도〉와 〈우리의 기본원칙 선언문 7〉를 만들고 '칭찬합시다' 제도를 도입하고, 직원들의 업무 능력을 함양할 수 있는 교육 시스템 '능력 개발원'을 만들었다.

이런 시스템을 하나씩 정착시키면서 운영에 힘쓴 결과, 3년 만에 살롱이 정상화됐다. 매출액이 위기 상황 이전 규모로 회복되었고, 초창기 직원들은 이직 없이 계속 근무했다. 그리고 살롱 성장에 따라 새로운 직원을 충원하였다. 시설에도 투자해서 고객들에게 쾌적한 시술 환경을 제공하였다. 명동점은 위치가 그다지 좋은 편이 못 되었는데도 이처럼 성업할 수 있었던 것은 체계적인 시스템을 갖추고 직원들이 긍정적인 마인드와 좋은 태도로 일할 수 있는 환경을 조성했기 때문이다. 명동점의 성장으로 이후 명동 2호점을 오픈하게 됐고 이곳에도 명동 1호점에 도입한 시스템을 적용해 운영했다. 오픈한 지 20년이 지난 지금도 여전히 탄탄하게 운영되고 있다.

착한 원장이 아닌 위대한 원장이 과제

내가 미용이라는 분야에서 오랫동안 종사하고, 잘될 수 있었던 것은 주인의식이 한몫했다고 자신 있게 말할 수 있다. 어느 위치에 있든 그 자리에서 내가 할 수 있는 것에 충실했고, 나에게 요구되는 것보다 더 많은 일을 했다. 이철헤어커커에서도 마찬가지다. 우리 살롱만 잘되기를 바라지 않고 이철헤어커커라는 브랜드가 성장할 수 있도록 힘썼다. 대표적인 게 교육 시스템을 만드는 일이었다. 최근에는 그것의 공로를 인정받아 이철헤어커커 본사 아카데미의 대표도 제안받게 됐다.

일에 있어서 내가 추구하는 방식은 이것이다. 긍정성과 좋은 사람을 지향하는 것. 나는 나의 성장뿐만 아니라 살롱 직원, 동료 원장, 이철헤어커커 모든 구성원이 성장하게끔 시스템을 세팅하는 것에 관심이 있고, 그로 인해 동료들이 성장하는 것을 보며 보람을 느낀다. 물론 그걸 통해서 나 역시 성장하기도 한다. 그것은 틀림없는 사실이다. 더드림아카데미에서 교육할 때, 특히 미용을 시작하는 신입 직원들에 이런 얘기를 하곤 한다.

"제 역할은 여러분을 성장시키는 데 있습니다. 여러분이 성장하면 나도 더불어 성장하게 됩니다. 그것이 미용업입니다. 그래서 나는 여러분들의 성장을 위해 교육하고 투자하고 있습니다. 누구를 위해서가 아니라 스스로의 성장을 위해 애쓰십시오. 여러분의 성장은 여러분뿐만 아니라 저 그리고 더드림아카데미 그룹의 구성원들을 성장시키는 일이기도 합니다."

미용인으로 활동하면서 느낀 건 이 분야의 베이스가 탄탄하고 넓어야 나도 지속적으로 성장할 수 있다는 사실이었다. 그래서 미용 분야에 진입하는 새내기 동료들의 교육에 힘쓰고 그들이 실력 있는 디자이너로 성장할 수 있는 구조를 만들기 위해 노력해왔다. 인턴에서 디자이너로 데뷔할 수 있는 기간을 단축하려고 교육에 힘썼고, 직원들이 미용인으로서의 품위를 유지할 수 있도록 문화 활동과 연수 프로그램을 만들고, 긍정적인 용어를 사용케 함으로써 자존감을 고취할 수 있게 했다. 또한, 근무에 있어 직원들의 의견을 청취하여 불만 사항을 사전에 제거하려고 애썼다. 언제나 사람이 먼저라는 생각으로 살롱을 운영해왔다.

특히 나의 경우 착한 사람 콤플렉스가 있어서 초창기엔 착한 원장이고만 싶었다. 하지만 착한 원장으로는 살롱을 성장시키는 데 한계가 있었다. 비즈니스적인 판단을 해야 할 때 인간적인 관계가 걸림 돌이 되어 이성적인 판단을 내리기 어려웠다. 보통 살롱을 오픈하면 거기서 근무하는 구성원이 10명 정도 된다. 매일 한 공간에서 생활하면서 가족보다 더 많은 시간을 함께 보내는지라 자연스럽게 개인사가 노출된다. 경제적인 고민, 가족 문제, 건강, 학업, 친구 관계 등 개인들이 안고 있는 문제가 있고, 때로는 그러한 문제들이 직원의 근무 태도에도 영향을 주기도 한다. 이럴 때 원장은 이들을 잘 다독여서 이끌고 가야 한다. 고민을 안고 있거나 슬럼프에 빠진 직원을 품어주고 기다려주는 것 또한 원장의 역할이다. 여기까지는 착한 원장이 필요하다.

최선의 선택을 할 수 있는 위대한 원장의 면모가 필요

하지만 더 큰 살롱으로 성장하기 위해서는 착한 원장만으로는 안 된다. 착한 원장 그다음이 필요한데 그것이 위대한 원장이다. 직원의 개인적인 문제가 살롱 운영에 좋지 않은 영향을 줄 경우 원장은 한 명의 아픈 손가락에 공감하더라도 함께하고 있는 다른 아홉 명을 위한 선택을 할 줄도 알아야 한다. 살롱의 지속성은 물론이고 다른 직원들의 생계를 보장해야 해서다. 그럴 때는 감상적인 판단이 아니라 이성적인 결정을 내려야만 한다. 살롱의 존립을 위협하지 않을 때는 문제를 유발한 직원을 배려할 수 있지만, 살롱 운영에 심각한 영향을 줄 때는 감정에 이끌려가서는 안 된다. 좋은 사람으로 남으려다가 자칫 살롱의 존립을 위협하게 될 수도 있다. 그럴 때는 나쁜 선택이 아닌 최선의 선택을 할 수 있는 위대한 원장의 면모가 필요하다.

직원에게 가장 이상적인 살롱은 어떤 곳일까? 리더가 따뜻하고 배려심이 많아서 직원들이 화목하게 근무할 수 있는 살롱을 이상적으로 생각할까? 그런 살롱을 원하는 직원들도 있겠지만 무엇보다 자신의 고용이 유지되고, 더 나아가 자신의 성장을 보장할 수 있는 살롱을 최고의 살롱으로 생각할 것이다. 그런 믿음이 있을 때 직원들은 이탈하지 않고 오랫동안 함께 일하려 한다. 그러기 위해서는 매출이 담보되어야 하고 원장은 디자이너의 매출 증진을 독려해야만 한다. 살롱을 직접 운영하던 시절, 평가보다는 칭찬과 격려로 디자이너의 능률을 올리겠다는 원칙을 세운 적이 있다. 하지만 운영하다 보면 그 원칙과 자주 상충할 때가 있었다. 소속 디자이너가 목표로 세운 매출액을 달성하지 못했을 때 긍정적인 부분보다는 수치로만 판단하려 했다. 살롱 직원들의 생계가 내 어깨에 달려있다고 생각하니 매출을 무시할 수 없었다.

그런데 살롱에 긍정적인 문화를 정착시키고 비난이나 부정적인 말을 자제하려고 하면서 디자이너의 매출을 평가할 때 평가 요소에 변화를 주었다. 매출액만 보지 않고 목표액을 달성하지 못했더라도 긍정적인 요소를 발견하고 그 부분을 칭찬한 것이다. 예를 들어 매출은 적었지만, 해당 디자이너를 찾는 고객이 증가한 경우가 있다. 그럴 때는 "성과는 적었지만, 고객 수가 늘었으니 다음 달엔 영업력을 키워보자"고 격려했다. 반대로 고객 수는 떨어졌어도 영업 성과가 잘 나왔을 때는 "고객을 유지하는 것도 필요하니 회원 관리에 힘쓰자"고 숫자보다는 노력이 필요한 부분을 언급했다. 그리고 평가할 때는 최근 1개월의 성과로만 판단하지 않고, 6개월 혹은 1년 동안의 성과를 보면서 한 달 매출이 떨어지더라도 그것을 크게 문제 삼지 않았다. 그럴 때는 "괜찮아. 다음 달을 위해서 이번 달에 충전했다고 생각해" 이런 식으로 격려했다. 그렇게 격려한 데는 해당 디자이너의 매출 감소에 나의 책임도 있다고 판단했기 때문이다. 디자이너가 매출이 감소하는 동안 나 역시 무엇이 문제인지 주시하고 그것을 해결하기 위한 노력을 함께했기 때문에 매출 감소가 그 디자이너 혼자만의 문제라고 생각하지 않는다. 또한, 매출이 감소하면 해당 디자이너 한 사람의 역량 문제가 아닌 경우도 많았다. 디자이너가 열심히 하려고 해도 팀원들이 그걸 뒷받침해줄 상황이 안 될 수도 있다. 팀원의 결혼이나 출산 등으로 팀 역량에 제동이 걸리는 변수가 생길 수 있는 것이다. 혹여 팀 리더인 디자이너의 문제라고 하더라도 리더의 컨디션이 저하됐을 때는 기다려주기도 했다. 문제는 이다음부터다. 살롱을 더 성장시키기 위한 위대한 원장이 필요한 것이다. 착한 사람 프레임에만 빠지지 말고 비즈니스적인 판단을 하고 필요한 솔루션을 제시할 수 있어야 한다. 그 대안이 시스템이다. 위대한 원장은 시스템을 만드는 사람이다. 목표 달성을 하지 못했다고 지적하고 채근할 것이 아니라 목표 달성을 할 수 있는 동력을 만들어주어야 한다. 나는 더드림아카데미에 시스템을 만들 때 인정받고 싶은 인간의 욕구를 반영했다. 인정받고 싶은 욕구를 충족할 수 있도록 목표를 달성했을 때 축하하고 칭찬을 해줬다. 디자이너로 데뷔해서 월 매출 1,000만 원을 달성하면 신인상을 주고, 이후에 단계별 목표액을 달성하면 거기에 해당하는 상을 수여했다. 목표액을 달성하지 못한 것에 대한 책임을 묻기보다 목표액을 달성하고자 하는 의지를 자극하는 시스템을 만든 것이다. 그 덕에 디자이너들이 의욕적으로 고객을 응대해 그것이 좋은 성과로 나타나고 있다.

위대한 원장은 착한 원장이라는 덫에 빠지지 않으면서 구성원 스스로가 자신의 문제를 발견하고 그것을 해결할 수 있는 시스템을 만들 줄 알아야 한다. 살롱을 운영하다 보면 원장이 해야 할 일이 생각보다 많다. 원장이면서 디자이너로 활동하고 있는 경우는 더 그렇다. 하루가 어떻게 돌아가는지 모르게 바쁘게 돌아간다. 그러다 보면 디자이너들이 안고 있는 문제를 발견하고 그것에 적절하게 대응하기가 쉽지 않다. 자칫하다가는 문제를 해결할 수 있는 시점을 놓치기 쉽다. 따라서 인간적으로 문제를 해결하려고 하지 말고 시스템을 만들어서 그걸 통해 문제가 해결될 수 있게 해야 한다. 살롱에 맞는 시스템을 만들고 그것이 운용될 수 있도록 하는 것 또한 위대한 리더의 능력이다.

2장

감탄으로
성공하기

우리의 성공비법 일곱 가지

20여 년 전에 세계적으로 유명한 호텔 체인의 매니저로부터 서비스 교육을 받은 적이 있다. 호텔 업계에서 일류 호텔로 인정받고, 서비스 부문 평가에서 최우수 호텔로 선정된 유서 깊은 호텔의 매니저였다. 그는 자신이 근무하는 호텔에는 호텔 구성원들이 지켜야 할 기본원칙이 있다며 그것을 소개해주었다. 그걸 들으면서 우리 살롱도 기본원칙이 있으면 좋겠다고 생각했다. 그 후 나는 미용인으로서의 경험을 살려 우리 살롱과 미용업의 특성에 맞는 내용을 정리해 기본원칙을 만들었다. 그 원칙은 말 그대로 어떤 선택을 하거나 새로운 시도를 할 때 중심이 되어주는 것으로, 우리 살롱이 무엇을 중요하게 여기는지를 알려주는 나침반과 같은 것이었다. 그리고 그 원칙은 지금까지 제 역할을 충실히 해주고 있다.

기본원칙은 우리 살롱이 추구하는 방향에 대한 방법을 구체적으로 알려주는 것인데, 그것을 살롱 구성원들이 실천하고 싶은 마음이 들도록 〈우리의 성공비법〉이라고 이름을 붙였다. 〈우리의 성공비법〉

은 모두 7가지로 인사하기, 정돈하기, 감사하기, 프로답기, 친절하기, 응답하기, 감탄하기이다. 구성원들이 이것만 제대로 지켜도 살롱이 성공적으로 운영될 수 있고, 구성원들은 이것을 성실히 실천하면 실력 있는 미용인으로 성장할 수 있다.

사실 일곱 가지 성공비법은 과거의 내가 못 하는 것들이었다. 수줍은 성격 탓에 인사를 못 했고, 응답도 잘 못 했으며, 감탄하기 또한 처음엔 어색해서 입 밖으로 내어보지 못했다. 하지만 훈련을 통해 그것들을 체화시켰고, 그 덕에 태도와 표현이 좋아져서 지금의 내가 있을 수 있게 되었다. '나는 안 돼'라고 포기하기보다는 나의 단점, 나의 부족한 점을 노력으로 극복하고, 채움으로써 성장할 수 있게 된 것이다.

인사하기, 정돈하기, 감사하기, 프로답기, 친절하기, 응답하기, 감탄하기 이 일곱 가지는 얼핏 보면 그다지 중요해 보이지 않지만 살롱이 성공적으로 운영되는 데 반드시 필요한 요소들이다. 그럼에도 특별할 게 없다고 여겨져 미용인들이 애써 실천하지 않는 것들이기도 하다. 그래서 나는 이 일곱 가지 성공비법의 중요성을 일깨우고 구성원들이 이것을 잊어버리지 않도록 더드림아카데미에서 교육을 진행할 때마다 이 부분을 반복해서 이야기하고 있다.

그리고 이 일곱 가지를 다 잘할 수 없다면 최소한의 것만이라도 실천할 수 있게 그것을 압축해서 핵심 가치 네 가지를 만들었다. 네 개의 핵심 가치는 친절하기, 정돈하기, 감탄하기, 프로답기이다. 이 네 가지 핵심 가치는 살롱 구성원 모두가 습관적으로 실천할 수 있기를 바라는 것으로, 제대로 정착되게끔 아침 조회 격인 〈좋은 아침 만들기〉에서 잘 실천하고 있는지 확인하고 독려하고 있다. 확인하고 독려하는 방식은 평가나 지적이 아니라 칭찬의 방식으로 진행된다.

인사하기는 사람 관계에서 시작점인 동시에 인사를 통해 밝고 긍정적인 관계를 형성해준다. 입점하는 고객에 대한 인사하기가 잘 되면 고객은 마음을 열고 살롱에서 행하는 시술에 적극성을 띠게 되고 담당 디자이너에 대해서도 호감을 느낀다. 나는 항상 시술의 시작은 인사라고 강조한다.

정돈하기는 구성원들이 생활하는 공간이자 고객을 만나는 장소인 살롱을 보다 청결하게 유지하고, 있어야 할 물건을 제자리에 둠으로써 구성원 간의 갈등 요소를 줄일 수 있게 해준다. 또한, 자주 쓰는 물건과 그렇지 않은 물건을 효과적으로 배치함으로써 업무의 효율성도 높이게 된다.

감사하기는 고객을 향한 것이라기보다는 살롱에서 함께 생활하는 동료들을 향한 것이다. 고객들에게는 친절하고 감사하다는 표현을 잘하지만, 동료들에게는 감사하다는 말이나 마음도 인색하기 쉽다. 하지만 작은 것이라도 동료의 배려에 감사하다, 고맙다고 표현하게 되면 팀워크도 잘 유지되고 서로가 행복감을 가지고 근무를 하게 된다.

프로답기는 전문가가 되자는 말이다. 기술에 있어서 프로가 되는 것은 너무나 당연한 것이고, 고객에게 내보일 때 나의 헤어스타일도, 옷차림도, 말투도, 용어 사용도 전문가임을 보여주는 것이다. 그랬을 때 고객은 담당 디자이너를 신뢰할 수 있게 되고, 자신의 헤어스타일을 만들어주는 디자이너에게 전문가로서의 호감을 가지고 재방문하게 된다.

친절하기는 인사를 잘함으로써 인간관계에 정성을 쏟는 것으로, 상대방을 아끼고 사랑하는 마음의 표현이다. 그러므로 친절하기는 동료와 고객 모두에게 갖추어야 할 기본 덕목이라고 볼 수 있다.

응답하기는 동료 간에 의사의 불통으로 인해 발생할 수 있는 갈등과 충돌을 방지하고자 하는 것이다. 디자이너의 오더를 받은 인턴이 제대로 응답하지 않게 되면 디자이너는 시술에 집중하기 어려울 수 있고, 디자이너와 인턴 간에 오해가 발생할 수가 있다. 그러면 팀워크도 깨지고 매일 긴장감이 돌면서 근무할 의욕마저 저하된다. 때문에 동료에게 어떤 주문이나 부탁을 받으면 상대방에게 반드시 전달되도록 크고 분명하게 수행 여부에 대해 응답을 해야 한다.

감탄하기는 미용인으로 성공하기 위해 갖추어야 할 필수 요소다. 인간은 인정받고 싶은 욕구가 있고 그 욕구가 충족되었을 때 행복과 만족감을 느낀다. 살롱을 방문하는 고객 또한 마찬가지다. 시술하는 동안 자신의 말에 귀 기울여주고 그 말에 적절한 공감과 반응을 보였을 때 고객들은 자신이 존중받는다고 생각한다. 그리고 시술한 내용이 조금 마음에 차지 않더라도 그것을 이해해줄 수 있는 여지가 생기기도 한다. 하지만 사람에 따라 이 감탄하기는 훈련을 요하기도 한다. 따라서 성공의 키가 될 수 있는 감탄하기를 평소에 훈련할 필요가 있다.

더드림아카데미의 가치와 제도들은 성공비법 일곱 가지를 바탕으로 유기적으로 연결되어 있다. 그래서 어떤 성공비법은 여러 곳에서 불려 나오기도 한다. 그만큼 중요하다는 의미이기도 하다. 나 또한 더드림아카데미 구성원들의 교육을 하고 외부 특강을 하면서 30년 가까이 앵무새처럼 같은 이야기를 반복하고 있다. 시대나 상황, 구성원 등의 상황에 따라 표현이나 설명을 달리할 뿐 같은 내용을 반복해서 이야기하고 있다. 내가 디자이너로 활동하고 살롱을 운영하면서 미용인들 꼭 갖춰야 할 행동 지침이라고 느꼈기 때문이다.

성공비법 일곱 가지가 왜 중요한지는 책 곳곳에서 확인하게 될 것이다.

공동체의 일원으로서 지켜야 할 약속, 기본원칙 선언문

7가지 선언이 담긴 기본원칙 선언문은 더드림아카데미의 헌법과도 같은 것이다. 동료들과 함께 생활하기 위해서 구성원 중 한 명인 '내'가 지켜야 할 약속이다. 또한, 공동체인 더드림아카데미가 지속 성장할 수 있도록 공동체에 속한 내가 행해야 할 행동 지침이기도 하다.

• 동료를 기쁘게 하자

동료의 요구에 귀 기울이고 업무와 시간에 정확성을 기하도록 최선을 다하며, 동료의 욕구를 이해하도록 하자. 동료가 원하는 것은 우리가 만들고 우리가 제공한다. 또한, 동료가 원하는 것보다 한발 앞서 실천함으로써 동료를 기쁘게 하고, 능력 있는 동료로서 동료의 바람을 충족시키자.

• 공동체 정신

함께 책임지고 함께 의지하며 팀워크를 중요하게 여긴다. 동고동락하는 동료로서 서로 존경과 신뢰를 보내며 회사의 성장과 생산성 향상에 기여한다. 후배는 선배를 존경으로 대하고, 선배는 후배에게 자신의 지식을 나누도록 한다.

• 열정의 분위기를 조성하자

업무 공동체인 우리는 서로 배려하고, 격려하며, 칭찬하는 분위기를 만들 의무를 가진다. 미용업계 리더로서 동료들이 가진 장점을 최대한 이끌어낼 수 있도록 교육 프로그램을 제공하고, 개인의 욕구를 충족시켜 그의 성장을 견인할 수 있는 삶의 터전을 만든다.

• 항상 최고가 되자

미용업계를 선도하는 리더로서 우리의 가치와 우리가 제공하는 친절과 기술을 지속적으로 향상시킨다. 동료와 자신의 성장 가능한 미래를 위해 전문적인 지식과 정확한 테크닉을 바탕으로 최고의 감각, 최신의 스타일을 고객에게 제공한다.

• 기본원칙에 충실하자

공정과 정직함을 원칙으로 하여 인사를 진행하며 우리가 약속한 것은 시작에서부터 끝까지 성실하게 이행한다. 이론과 실기에 있어 기본적인 원리를 정확하게 이해하며, 테크닉의 기본기를 탄탄하게 다져 자신의 성장에 바탕이 되도록 한다.

• 책임감을 가지고 행동하자

미용업계를 책임진다는 사명감으로 우리의 삶의 중심인 미용업의 발전을 위해 능동적으로 행동한다. 파트너는 스타일리스트처럼, 스타일리스트는 리더의 관점으로 바라보고 생각하고 행동하자.

감동을 팔지 말고 감동을 주라
: 추천과 제안

더드림아카데미는 무엇을 파느냐는 질문을 받을 때가 있다. 나도 예전에는 직원들에게 "감동을 팔아 주세요"라고 주문한 적이 있다. 한 매체와 했던 인터뷰에서도 "미용을 파느냐?"는 질문에 "더드림은 꿈을 팝니다"라고 대답하기도 했다. 하지만 그런 생각을 버린 지 오래됐다. 그래서 누군가 같은 질문을 하면 "저희는 뭘 팔려고 하지 않습니다. 감동을 줄 뿐입니다"라고 대답한다.

내가 이끄는 뷰티그룹 '더드림아카데미'는 영어로 꿈을 의미하기도 하고, 우리말로는 더 드린다는 뜻을 가지고 있다. 우리 그룹의 슬로건인 '꿈에 날개를 달자'에 담긴 의미처럼 그룹 구성원들이 자신의 꿈에 날개를 달고 꿈을 이루기를 바라는 의도에서 그룹의 이름을 '더드림아카데미'로 네이밍했다. 동시에 '더드림'이라는 말에 고객에게 감동을 주고자 하는 마음을 담았다. 흔히들 살롱에서의 미용인들은 커트를 팔고, 펌을 팔고, 클리닉, 염색 등을 판다고 표현한다. 그런데 과연 그러한 시술들이 파는 걸까? 내가 생각하는 판다는 의미는 이익을 얻기 위해 무언가를 판매하는 행위다. 하지만 미용이라는 직업은 파는 행위를 하기보다는 가지고 있는 기술로 고객을 만족시키는 일을 한다. 그렇다고 머리만 자르는 기술자인 것도 아니다. 그것은 표면적으로 보이는 것이고 미용업은 고객과 소통하고 아름다움을 창조함으로써 감동을 전하는 일을 하는 것이다. 면접을 보러 가는 고객에게는 면접관에게 신뢰를 줄 수 있는 머리를 디자인해주고, 데이트하러 가는 이에게는 고객의 매력이 상대방에게 어필될 수 있는 스타일을 만들어주고, 기분 전환이 필요한 고객에게는 힐링이 되게끔 분위기를 만들어줄 수 있는 게 미용인의 역할이다.

세일즈를 해야겠다고 생각하면 상품을 팔아야 한다는 강박 때문에 위축되거나 고객과 불편해지는 지점이 있다. 고객은 자신이 원하는 스타일도 있고, 직장이나 소속된 곳에서 정해놓은 규정이 있을 거고, 비용에 대한 부담 때문에 거절할 수도 있는데 디자이너는 세일즈에 실패했다는 생각이 들어 자존심도 상하고 상처가 되기도 한다. 그래서 더드림아카데미에서는 관점을 바꾸었다. 상품을 파는 게 아니라 추천하고 제안하는 것으로 관점을 바꾼 것이다. 대개 고객이 살롱을 방문하면 커트나 파마, 컬러, 클리닉을 하라고 권유한다. 권유에는 상품을 판매하겠다는 의도가 담겨 있다. 그렇다 보니 고객으로부터 거절당하면 그로 인한 부정적인 감정이 발생하고 그것이 상처가 된다. "머리가 예쁘게 나왔으니 집에서 관리를 잘하려면 이 상품을 써 보세요. 관리도 쉽고 스타일 유지도 잘될 거예요."라고 말했다가 쓰지 않겠다고 하면 판매를 거절당한 게 돼서 마음이 힘들어진다. 또 그러한 일이 반복되면 스트레스가 쌓이게 되고 근무 의욕도 저하된다. 그래서 우리 살롱에서는 추천과 제안을 하자고 했다. 고객이 더 좋은 선택을 할 수 있도록 전문가로서 스타일을 추천하고 제안하자고 한 것이다. 미용인들은 전문적인 식견이 있고, 고객이 선택한 것을 실행할 수 있는 기술이 있으니 그들이 좋은 선택을 할 수 있게끔 몇 가지 선택지를 제안하면 되는 것이다. 거기까지가 미용인의 역할이다. 추천하고 제안한다는 건 상대방에게 좋은 것을 안내한다는 거다. 그리고 선택은 고객이 하는 것이다.

기회를 만들어주는 추천과 제안

추천과 제안을 하면 좋은 결과가 많이 나오고, 추천과 제안을 하는 방법도 늘게 된다. 보통 한 번 왔던 고객이 재방문하지 않으면 디자이너는 자신의 커트 실력이 좋지 않아서라고 의기소침하게 되고 좌절하기도 한다. 하지만 기술이 부족해서라기보다는 추천하고 제안하는 표현력이 서투를 뿐이다. 예를 들어 파마하겠다는 고객이 왔는데 갑자기 마음이 바뀌었다며 머리를 다듬기만 하겠다고 하는 경우가 있다. 그런데 스타일에 대한 마음보다는 디자이너를 신뢰하지 못해서 마음이 바뀌었다고 보는 게 맞다. 변화를 주고 싶기는 하지만 디자이너의 자세가 소극적인 것을 보고 실력을 의심하게 되는 것이다. 그러면 기회가 사라지는 거다. 디자이너가 어떤 태도로 고객을 대했는지, 고객에게 어떤 이미지를 줬느냐에 따라 기회가 있다가도 없어지고, 없다가도 생기게 된다. 어떤 고객의 경우에는 머리를 다듬기만 하려고 했다가도 디자이너의 태도를 보고 신뢰가 생겨 커트를 할 수도 있고 파마를 할 수도 있다.

이렇게 고객의 마음을 바꿀 수 있는 것은 디자이너의 태도이고, 그 태도를 바꿀 수 있는 건 추천과 제안이다. 추천하고 제안하면 그것을 고객이 선택하지 않아도 디자이너는 실패라고 생각하지 않기 때문에 보다 밝게 고객을 응대할 수 있다. 디자이너는 고객의 머리 상태만 보고도 커트를 한 지 얼마나 됐는지 현재 상태가 어떤지 특징을 금방 파악할 수 있다. 한두 가지 특징만 정확하게 전달하면 고객은 디자이너를 신뢰하게 된다. 그러면 고객이 먼저 "그러면 어떻게 할까요?"라고 묻게 되고 그때 추천과 제안을 하면 된다. "제가 볼 때는 지금 스타일도 괜찮은데 커트를 이 정도 하고, 여기에 컬을 넣어주면 훨씬 세련될 것 같아요." 이런 식으로 제안하면 시간이 있을 때는 디자이너가 제안한 대로 시술하고 갈 것이고, 시간이 없으면 다듬기만 하고 다음에 다시 방문하겠다고 하게 된다. 디자이너는 상품을 판매하려고 하지 않고 전문가로서 고객에게 맞는 시술과 스타일을 제안한 것이다.

추천과 제안을 하게 되면 시술 결과가 맘에 들지 않더라도 고객은 디자이너 탓을 하지 않는다. 판단은 자신이 했기 때문이다. 컬러만 바꾸는 게 낫겠다고 제안했는데도 파마를 하겠다고 고집해서 파마했을 때 고객과 어울리지 않는 결과가 나올 수 있다. 만약 디자이너가 강력하게 권유해서 그런 결과를 맞게 되면 디자이너 탓을 하지만 고객 본인이 원한 경우에는 파마를 만류한 디자이너를 신뢰하게 된다.

"고객님! 제가 보기엔 지금은 파마보다는 컬러를 하는 게 더 어울릴 것 같아요."

"제 생각에는 컬러를 하는 게 고객님이 생각하는 스타일에 더 가까울 듯한데 고객님 생각은 어떠세요?"

여기서 포인트는 컬러를 하도록 하는 게 아니다. 추천만 하고 선택은 고객이 하도록 하는 것이다. 그래서 고객이 디자이너가 제안한 것을 선택하면 시술하는 동안 정서적인 부분에 신경을 쓰면 된다. 고객이 원하는 차를 제공한다거나 불편한 점이 없는지 살펴본다거나 고객과 공감할 수 있는 주제로 이야기한다거나. 그렇게 서비스를 하고 결과 또한 고객에게 어울리면 고객이 그때 받는 감정은 감동이된다. 기술적으로 조금 부족하더라도 고객은 만족하면서 살롱을 나서게 된다. 나는 그러한 과정이 감동을 팔기 위한 판매 행위가 아니라 고객에게 감동을 주기 위한 노력이라고 본다.

감탄으로 성공하기

앞서 성공하기 위해서는 태도와 표현이 중요하다고 했다. 밝은 표정으로 고객을 맞고, 전문가로서 추천과 제안을 하고, 정성껏 시술해서 고객의 기대에 부응하는 등의 행위가 태도라면 표현은 디자이너의 생각과 감정 등을 말과 표정, 제스처를 통해 밖으로 드러내는 것이다. 태도도 고객의 마음을 움직이지만, 그보다 더 적극적으로 작용하는 건 표현이다. 표현이 생각과 감정을 전달하는 데 더 직접적이기 때문이다. 미용업이 사람을 대하는 일이라 태도가 좋고 표현을 잘하는 디자이너가 고객의 지명을 받을 확률이 높은 건 자명한 사실이다. 따라서 평소에 표현하는 훈련을 하는 게 필요하다. 고객에게 차를 내줄 때도 "차 드세요"라고 하기보다는 "날이 추운 것 같아서 따뜻하게 준비했어요."라고 마음을 넣어서 표현하는 게 더 좋다. 고객이 살롱에 머무는 동안에도 "불편한 거 없으세요?"라고 한 번씩 관심을 보여줄 필요도 있다. 고객의 존재를 인지하고 있고 신경을 쓰고 있다는 걸 표현하는 거다.

표현하는 방법은 여러 가지겠지만 나는 감탄의 효과가 매우 크다고 본다. 왜냐면 감탄은 인정받고 싶은 고객의 욕구를 충족시켜줄 수 있어서다. 사람은 누구나 인정받고 싶은 욕구가 있다. 오래전에 명지대 교수를 지낸 김정운 '여러가지연구소' 소장의 동영상을 본 적이 있다. 동영상에서 김정운 소장은 이런 말로 강연을 시작했다.

"여러분, 왜 사세요?"

왜 사느냐는 질문 뒤에 김정운 소장은 인간은 감탄 받기 위해서 살며, 인간의 근본 욕구는 감탄을 받는 거라고 했다. 왜? 영유아기 때부터 부모의 감탄을 받고 자랐기 때문이다. 아기가 뒤집기만 해도, 걷기만 해도, 밥 한 숟가락만 먹어도, 서툴지만 아빠라고만 해도 부모들은 신통하다며 박수를 치고 감탄한다. 파리에 있는 에펠탑을 보러 가는 것도 감탄하기 위해서고, 새벽녘에 어두운 산길을 걸어서 힘들게 산에 오르는 것도 빨갛게 떠오르는 해를 보며 감탄하기 위해서다. 나는 감탄하는 행위를 통해 행복을 느낀다는 김정운 소장의 말에 깊이 공감한다.

고객들이 살롱에 오는 이유도 마찬가지다. 일차적으로는 아름다워지려고 오는 것이지만, 그 이면에는 시술을 통해 멋지게 변신하고 나서 타인으로부터 감탄 받고 싶어서 온다. 내향적이었던 내가 오랜 시간 동안 미용업을 계속할 수 있었고, 어느 정도의 성과를 가질 수 있었던 것은 감탄하는 태도가 체화된 덕이 크다. 나는 고객에게 있는 작은 부분이라도 찾아서 감탄하고 칭찬했다. 막연하게 예쁘다, 멋지다고 얘기하지 않고 조금 더 구체적으로 어떤 점이 좋은지를 짚으면서 감탄했다.

"오늘 스타일이 너무 좋아요."

"흰색 운동화가 의상이랑 잘 어울려요."

"이런 아이템은 어디서 구해요?"

물론 어디서 사는지 알고 있지만 고객의 안목에 감탄한다는 의미로 물어봤던 거다. 감탄이라는 게 하다 보면 점점 발전하게 된다. 물론 나도 처음엔 감탄하고 표현하는 게 쉽지 않았다. 머리로는 해야 한다고 생각하면서도 말이 입 밖으로 나오지 않았다. 습관이 안 되어 있으니 당연했다. 그래서 여러 기관으로 서비스 교육을 받으러 다니면서 감탄하는 방법을 배웠다. 쉽지 않으면 배워야 한다. 살롱에 와서는 교육에서 배운 것을 잃어버리지 않고, 몸에 배도록 직원들과 함께 감탄하기 훈련했다. 직원들에게도 감탄하는 습관을 갖게 하려는 의도도 있었지만 혼자 하면 하다가 그만두게 될 것 같아 함께한 것도 있다. 직원들도 처음엔 쑥스러워하고, 기술만 좋으면 되지 굳이 그런 것까지 해야 하느냐고 문제를 제기한 직원도 있었지만, 점차 자연스럽게 감탄하기를 실천해갔다. 왜냐면 감탄하기 효과가 재방문으로 나타났기 때문이다.

감탄하기는 존중

감탄하기는 존중이면서 한편으로는 그 대상에게 힘이 되기도 한다. 나부터 그랬다. 교육이나 강의할 때 내 역량이 뛰어나서 그날 교육이 성공한 게 아니라 교육생들이 보인 반응의 힘이라는 걸 느끼곤 했다. 교육생들이 적극적으로 리액션을 해주면 그날은 좌중의 관심을 끌면서 흥미롭게 강의가 진행됐다. 반대로 교육생들 반응이 시큰둥하거나 산만하면 강의도 산으로 갔다. 그래서 강의할 때면 초반에 미리 양해를 구하곤 한다. 오늘 나의 강의의 성공 여부는 여러분에게 달렸다, 어떻게 반응해주느냐에 따라 강의가 유익할 수도 그렇지 않을 수도 있다, 그러니 적극적인 반응을 부탁드린다고. 반응이 좋으면 열정적으로 정보를 전달하게 되므로 교육 참가자들 또한 자신의 기여로 유익한 정보를 습득해 가게 되는 것이다.

감탄하기는 기본적으로 고객이 대상이다. 하지만 살롱 구성원 간에도 감탄하기는 필요하다. 서로가 서로를 격려함으로써 일의 능률을 올릴 수 있기 때문이다. 그래서 나는 직원들 간에도 감탄하는 문화가 조성되도록 공을 들였다.

"소망 님! 샴푸 해줘서 고마워요."

"입점하시는 회원님에게 인사할 때 표정이 밝아서 좋더군요."

"와우! 하늘님 덕분에 매장이 깨끗해졌어요."

"대박! 정리를 어쩜 이렇게 잘해뒀어요?"

작은 것이지만 감탄을 받는 입장에서는 기분이 좋은 건 당연하다. 직원들끼리 사소한 것에도 고맙다, 잘한다, 대단하다, 멋지다는 감탄을 주고받기 때문에 근무하는 태도의 텐션이 좋아진다. 설령 개인적인 문제로 우울하더라도 그것을 잠시라도 잊게 해주고, 다른 팀원의 에너지를 빼앗을 확률도 줄어든다.

더드림아카데미에서는 감탄하는 게 습관이 되도록 규칙을 정했다. 아침에 출근하면 먼저 출근한 직원을 찾아가 인사하도록 한 것이다. 두 번째로 출근한 사람은 자신보다 먼저 출근한 직원을 찾아 악수하며 "안녕하세요?", "좋은 아침이에요, 잘 쉬셨어요?", "오늘은 날씨가 좋네요", "행복한 하루 보내세요" 등의 인사를 한다. 만약 직원이 스무 명이라면 스무 번째에 출근한 사람은 앞의 열아홉 명을 찾아가 일일이 인사를 해야 한다. 어떤 직원은 다른 직원을 찾아다니는 게 귀찮아서 일찍 출근하기도 한다. 직원들이 소리 내어 인사하다 보면 살롱 안이 활기찬 소리로 가득 차게 된다. 사람은 습관의 동물이라고 이걸 매일 아침 습관적으로 하니까 지점 살롱에 오후에 방문해도 직원들은 나를 보며 "좋은 아침입니다"라고 인사를 한다.

사람의 마음을 얻는 것은 감탄

사실 직장인들에게 아침이 그렇게 좋을 리 없다. 피곤이 풀리지 않은 상태에서 복잡한 출근길을 뚫고 살롱에 나오는 일상이 즐겁지만은 않을 것이다. 하지만 그중에서는 출근할 직장이 있다는 것, 아침이 정말 좋다고 느끼는 사람도 있기는 있을 것이다. 나는 그 소수의 힘을 믿는다. 그들이 적극적으로 좋은 아침을 깨우고 활기차게 살롱을 시작하면 수동적인 다수도 따라가게 되어 있다. 또 주문처럼 좋은 아침을 외치면 정말 그렇게 느껴지기도 한다.

제조업에 종사하거나 사람을 대하지 않는 기술직은 기술이 뛰어나면 기술 하나로 성공할 수 있다. 하지만 미용업은 기술이 뛰어나다고 해서 성공이 담보되지 않는다. 사람과 사람이 만나는 일이기 때문이다. 따라서 사람의 마음을 움직여야 다음 단계를 만날 수 있다. 사람의 마음을 움직일 수 있는 것, 그게 바로 표현이고 감탄이다.

M 지점 원장을 맡고 있는 J 원장이 있다. J 원장은 미용을 시작하기에 비교적 늦은 나이인 28살에 우리 살롱을 찾아왔다. 여러 분야에서 다양한 경험을 했는데 번번이 좌절을 맛보았고 '뭘 해도 안 되나 보다' 하고 실의에 빠져 있을 때 미용 일을 해보라는 어머니 권유를 듣고 용기를 냈다고 했다. 면접해보니 성장 가능성이 보였다. 외모도 호감형이었고, 하고자 하는 의지도 충분했다.

"우리 살롱에서 일하면서 배워볼래요? 미용이랑 잘 맞을 것 같아요. 또 잘될 것 같은데요?"

나중에 들은 얘기지만 J 원장은 그날 이 얘기를 듣고 굉장한 동기부여가 됐다고 했다. 자신이 경험한 어떤 분야에서도 인정해주지 않았는데 "괜찮아, 잘될 거야"라는 그 말이 큰 위로가 되었고 도전해보고 싶은 마음이 들었다는 거였다. 그리고 그때 나의 판단은 틀리지 않았다. J 원장은 입사한 지 1년 만에 디자이너가 됐고, 다시 1년 만에 탑스타일리스트가 됐으며, 그 후 1년 만에 목동에 있는 지점의 원장이 됐다.

J 원장이 기술을 익혀서 좋은 실력을 갖춘 것도 있지만 그보다는 태도와 표현이 좋았다. 표정이 밝았고, 고객과 동료들에게 인사를 잘했으며 감탄도 잘했다. 실력을 쌓아서 디자이너로 데뷔하더라도 초기에는 기술이 부족할 수밖에 없다. J 원장 역시 실수도 있었고 완벽하지 않았다. 그럴 때 J 원장은 좌절하기보다는 더 밝게 인사하고 감탄하고 칭찬하고 감사한 마음을 전했다. 고객이 퇴점하면 반드시 배웅하고, 시술하는 동안도 리액션을 하면서 적극적으로 소통했다. 그런 모습에 고객도 기회를 주고 응원해주었다. 그 결과 J 원장은 단시간에 최고의 성과를 냈다. 디자이너로 데뷔한 첫 달부터 1,000만 원이상의 매출을 올렸다. 그리고 3개월 뒤에는 300만 원 더 매출을 올렸고, 그 뒤로도 꾸준히 매출을 증가시켰다. 살롱 오너가 된 지 갓 1년이 지난 지금, 벌써 다른 살롱을 하나 더 오픈할 준비를 할 정도로 J 원장의 살롱은 급속 성장하고 있다. 그럴 수 있는 비결은 감탄이다. 고객과 직원들을 향한 표현이 J 원장과 M 지점을 계속 성장케 하고 있다.

태도 90, 기술 10

미용의 기본은 기술이다. 그렇지만 그게 바탕이 될 수는 있어도 성공 포인트가 되지는 않는다. 미용 기술을 배워서 한 10년 활동하면 기술로서는 배울 건 다 배웠다고 볼 수 있다. 그 정도 경력이 되면 디자이너 실력이 비슷비슷해진다. 그만큼 모두 실력자가 되는 거고 그래서 기술로는 다른 디자이너, 다른 살롱과 차별성을 갖기 어렵다. 성공한 사람들 특징을 보면 기술 외에 다른 비결이 있었다. 그 비결은 태도와 표현이다.

요즘 SNS에서 주목받는 헤어디자이너를 보면 표현력이 뛰어나고, 고객을 대할 때 그 태도가 세련되고 공손하다는 게 느껴진다. 또한, SNS를 통해 자신의 인간적인 매력과 특별한 감각을 적극적으로 어필하기도 한다. 전문적인 단어 선택, 감각적인 표현, 친밀감 있는 말투 등은 해당 디자이너에 대한 호감도를 상승시키는 요소로 작용한다. 가요계에 아이돌이 있다면 미용계에는 이런 하이퍼포머 디자이너들이 있다. 그럼 어떤 디자이너가 하이퍼포머 디자이너로 성장하게 되는 걸까? 하이퍼포머 디자이너들은 하루아침에 만들어지지 않는다. 수많은 가수 지망생이 있고, 훈련생 시절을 거쳐 아이돌 그룹으로 탄생하는 숫자만 해도 1년에 몇백 개가 된다고 한다. 그런데 그 많은 그룹 중에서 스타가 되는 아이돌은 극히 소수다. 스타가 안 되는 친구들이 가창력이 부족하고, 춤 실력이 뛰어나지 않아서일까? 아니다. 스타가 되는 데에도 태도와 표현이 중요하게 작용한다.

미용 현장에서도 마찬가지다. 미용 기술 외에 사람을 대하는 태도와 표현이 뛰어나면 주목받는 디자이너로 성장할 가능성이 높다. 인간적인 매력을 갖추고 지금보다 더 성장하려는 노력을 기울이고 그것을 습관화했을 때 오랫동안 미용업을 할 수 있고 자신의 삶을 업그레이드할 수 있다. 그래서 나는 후배 미용인들에게 태도와 표현을 늘 강조한다. 보통 미용에 있어 중요한 요소로 기술을 절대적 우위에 놓고 태도는 기술을 보조하는 정도로만 인식하는 이들이 있다. 하지만 성공 포인트는 그 반대다. 태도가 90%, 기술이 10%다. 기술이 먼저가 아니라 태도가 먼저로, 태도가 90%이면 기술이 10%만 되어도 고객을 충분히 만족시킬 수 있고, 재방문 가능성을 높이게 된다. 태도가 90%이면 기술이 10%만 되어도 고객에게 있어서 기술적인 만족도를 100%, 200%까지 끌어올릴 수 있는 것이다.

몇 달 전 한국에 온 일본 미용인들을 만난 적이 있다. 일본 미용 문화를 교육하기 위해 온 미용인들이었는데, 그중 한 분은 50개의 살롱을 운영하고 있었다. 교육을 통해 그분들은 미용으로 성공하기 위해서는 기술 50%, 태도 즉 인간성 50%의 비율이 되어야 한다고 했다. 일본도 우리나라와 마찬가지로 디자이너의 실력이 좋아지면 태도는 중요치 않게 여기는 경향이 있는 모양이었다. 그들은 미용업에 있어서 고객과 디자이너 상호 간의 예의, 상호 존중이 필요하며, 그래서 미용 서비스를 제공할 때 기술 50, 태도 50의 비율로 신경을 쓰고 있다며 자부심을 품고 얘기했다. 그 얘길 들으며 나는 우리 더드림아카데미 소속 살롱들이 잘하고 있다고 생각했다. 기술은 그야말로 기본 베이스이고 그것 외에 고객을 대할 때 태도와 적극적이고 긍정적인 표현이 성공을 좌우한다는 걸 현장에서 절실히 느껴왔다. 그래서 우리 살롱에서는 태도와 표현을 습관화하기 위한 훈련을 계속해오고 있다.

진상 손님을 탓하기 전에 먼저 할 것

후배 디자이너 중 한 명이 유독 자기한테만 진상 손님이 배정된다고 하소연한 적이 있다. 교육에서 만난 원장님들 중에도 진상 손님은 어떻게 응대하느냐고 질문하는 분들이 있다. 여기에 대한 답은 하나다. 좀 극단적으로 표현하자면 디자이너가 진상이라서 손님도 진상인 거다. 진상 손님으로 인한 고민을 호소하는 후배 디자이너들의 이야기를 들어보면 대개 그런 경우가 많다.

"손님이 왔을 때 반갑게 맞아줬어?"

"아뇨. 안 그랬을걸요?"

"네 말투는?"

"글쎄요. 깍듯하지는 않았을 거예요."

살롱에 근무하면 순번이라는 게 있다. 디자이너를 지명하지 않을 때는 돌아가면서 각각의 디자이너에게 손님이 배정된다. 그런데 이상하게 나한테만 진상 손님이 오는 것처럼 느껴질 때가 있다. 그러면 대부분 나에게 문제가 있을 거로 생각하지 않고 운을 탓하게 된다.

'왜 나한테는 진상 손님만 걸리지? 오늘 너무 재수가 없나 봐.'

'뭐야! 하나같이 다 진상 손님이야. 아, 진짜 힘들다 힘들어.'

그러는 와중에 손님은 불만을 제기하거나 가격이 비싸다며 항의하는 등 마지막까지 상대하기 힘든 행위를 하고 돌아간다.

그런데 과연 그 손님이 진상 짓을 했을까? 살롱 문을 들어설 때부터 진상 짓을 해야겠다고 마음먹고 들어왔을까? 아니다. 해당 디자이너를 만나면서 어느 시점에선가 기분이 상했을 거다. 어떤 것이라고 꼬집어서 말할 수는 없지만 어딘지 모르게 기분 나쁜 포인트가 있었을 거다. 오늘은 어떤 머리를 할지, 기대하는 스타일이 자신과 잘 어울렸으면 좋겠다고 설레면서 왔는데 담당 디자이너를 소개받는 순간 망했다는 생각이 들었을 수도 있다. 디자이너라는 사람의 스타일이 깔끔하지도 않고, 대하는 태도가 불친절하게 느껴지고, 말투도 퉁명스럽고, 인사도 건성이고, 행동의 격이 떨어져 보이는 등 어단가 불만스러웠을 수 있다. 그런 태도는 디자이너 자신에게는 익숙한 거라 본인이 느끼기 어려운 부분이다. 그래서 고객은 스타일에 변화를 주려고 왔다가 다듬기만 해달라고 말을 바꾸게 된다. 디자이너 처지에서는 '머리를 하라는 거야, 말라는 거야?' 하는 마음이 들게 되고 두 사람은 서로 불편해지게 된다.

예전에는 이런 손님을 'JS' 손님이라고 부르기도 했지만 이제 더 드림아카데미의 살롱에서는 그런 용어가 사라졌다. 왜냐면 살롱에 그런 손님이 없어졌고, 손님이 없어지게 된 건 직원들의 태도가 좋아져서다. 직원들의 태도가 좋아지면 당연하게도 손님의 태도도 좋아진다. 물론 아주 가끔 응대하기 힘든 손님이 방문하기는 하지만 그분들이 불만을 제기하면 감사한 기회로 생각한다. 개선할 기회가 되기 때문이다. 또 컴플레인한 문제를 해결해주면 진성 고객이 되어 자주 방문하게도 된다.

진상 손님 때문에 고민하는 후배들에게 그 손님 탓을 하기 전에 자신의 태도를 돌아보라고 했을 때 고민을 토로한 이들은 두 가지 반응을 보인다. 자신의 태도에 문제가 있다고 받아들이는 이와 그렇지 않은 이가 있다. 자신에게 문제가 있음을 인정하고 변화하려는 후배는 성장한다. 물론 그게 쉽게 바뀌지는 않는다. 알아들었다고 하더라도 습관이라는 게 고치기 쉽지 않아서다. 문제를 일깨워주면 그 순간에는 좋은 태도로 손님을 응대하겠다고 마음을 먹지만 다음날이 되면 똑같은 실수를 반복하게 된다. 몸에 붙은 습관이라는 게 어느 날 갑자기 바뀌지 않는 것이다. 어떤 경우에는 머리로는 해야지 하는데 몸이 따라주지 않기도 한다. 그래서 더드림아카데미에서는 매일 아침 진행하는 〈좋은 아침 만들기〉에서 좋은 태도를 습관화할 수 있는 훈련을 하고 있다. 직원들의 태도가 좋으면 직원을 함부로 대하는 손님도 없어진다. 그로 인해 직원들의 근무 환경이 좋아지고 근무 만족도가 높아지는 건 당연한 순서다.

미용은 정서적인 부분이 커

미용은 정서적인 부분이 많이 작동한다. 나는 한때 탑스타일리스트까지 했고, 로레알이 선정한 한국의 헤어디자이너 탑5에 들기도 했다. 디자이너로 활동하면서 내가 가장 잘한 것은 리액션이었다. 커트할 때도 마찬가지지만 파마할 때 롯드를 풀기 전부터 나는 결과물에 감탄할 준비가 되어 있었다. 아직 최종적으로 결과물을 확인하기 전인데도 "너무 잘 나왔어요", "최고예요"라며 감탄했다. 컬이 굵게 나오면 정말 자연스럽게 나왔다고 했고, 예상했던 것보다 웨이브가 강하게 나왔으면 컬이 오래갈 수 있게 탄력을 좀 많이 넣어드렸다고 했다. 손님이 걱정하면 "어색하시죠? 당연히 어색하시겠죠, 처음이니까. 근데 익숙해지면 예뻐 보여요. 3일만 지나면 자연스러워져요. 정 이상하면 다시 해드릴게요"라고 진지한 톤으로 이야기했다. 그러면 손님들은 대개 내 이야기에 고개를 끄덕였다.

그런 것이 가능한 것은 손님을 처음 맞을 때 밝은 표정으로 인사하고, 시술하는 동안 이야기를 주고받는 등의 정서적 교류가 있어서다. 매일매일 완벽한 결과만 나올 수는 없다. 모발 상태에 따라 다르고, 또 비 오는 날 다르고, 시술하는 날이 여름이냐 겨울이냐, 염색을 얼마나 했느냐에 따라 결과가 다 다르게 나올 수밖에 없다. 이런 여러 가지 변수가 있어서 기계로 찍어내듯이 결과가 늘 동일하게 나오지 않는다. 그럼에도 손님들은 결과가 만족스럽기를 바라고, 그래서 디자이너들은 시술할 때마다 노심초사하게 된다. 손님은 예쁘게 해주길 바라는데 손님이 바라는 예쁜 게 정확히 어떤 건지 알기 어렵고, 설령 사진을 갖고 와서 그대로 해달라고 하더라도 모발에 따라 그 스타일이 나오지 않을 수도 있어서 그대로 해내기가 쉽지 않다. 정해진 답이 없는 결과치를 놓고 손님과 디자이너 둘이 어떤 결과를 만들어가야 하는 거라 긴장도가 매우 높다. 매일 그것이 반복되다 보니 하루하루가 힘든 건 뻔한 일이다.

나는 그런 긴장 상태로부터 자유로워질 수 있는 게 태도라고 생각한다. 첫인상을 좋게 만들고 손님의 마음을 여유 있게 풀어놓으면 설령 결과물이 기대에 못 미치더라도 용인되는 부분이 있다. 안 되면 다시 할 수 있는 기회가 주어지기도 하고. 손님의 기대치가 100이라면 90까지만 나와도 손님은 만족스러운 마음을 안고 돌아가게 된다. 물론 기술이 부족하면 안 되는 게 맞다. 그래서 기술은 끊임없이 연마해야 하고, 그렇다는 전제하에 성공과 성장의 키는 나의 태도에 달려있다. 품위 있는 매너, 인간적인 매력, 긍정적인 에너지를 전달할 수 있는 표현력, 이런 요소를 디자이너는 간과해서는 안 된다.

　　더드림아카데미에 소속되어 있는 구성원은 대략 130명 정도다. 나는 대표로서 이들에 대한 책임감을 느끼고 있다. 직원들이 일자리를 잃지 않도록 하는 게 지금 당장 내가 해야 할 역할이고, 다른 한편으로는 직원들이 성장하게끔 돕는 것도 내가 할 일이다. 그래서 파트너 살롱의 직원들에 대한 특성을 항상 파악하고 있고, 거기에 맞는 성장 프로그램을 구상하곤 한다. 교육 내용은 개인마다 조금씩 다르지만 교육 목표는 동일하다. 직원들의 가치를 높여주는 것이다. 그것을 위해 미용인이 갖춰야 할 매너 교육을 빼놓지 않고 있다. 어떤 직원은 중도에 미용 일을 그만둘 수도 있다. 그만두고 다른 일을 하겠지만 그래도 미용업에 종사하면서 배웠던 기본적인 매너, 태도가 어떤 일을 하든 도움이 될 것이라고 본다. 그동안 익혔던 매너에 새로운 직업에서 필요로 하는 기술이 더해지면 시너지 효과가 나게 마련이라서다. 그래서 구성원들이 이 일을 계속하든 하지 않든 기본적인 매너를 갖출 수 있도록 태도 90을 갖추게 하는 데 많은 시간을 투자하고 있다. 기술이 좋아서 성장할 수 있는 기간에는 한계가 있다. 더 오래가려면 기술과 태도가 균형을 이루어야 한다. 오히려 기술이 너무 좋아서 태도를 간과하게 되고 그러다 실패한 예도 더러 있다. 기술은 태도 앞에서 조금 더 겸손해도 좋다.

긍정적 태도가 가져온 성장

여름에 소나기가 지나가고 나면 무지개를 볼 수 있다. 우리 눈에 보이는 무지개는 대부분 원의 절반 모양을 하고 있다. 그런데 하늘에서 보면 무지개가 동그랗게 보인다고 한다. 그러니까 무지개는 반원형이라고 단정을 지어 얘기하는 건 우리의 고정관념일 수 있다. 무지개의 교훈처럼 우리가 생각을 조금만 바꾸면 다른 면을 볼 수 있고 더 많은 걸 얻을 수 있다. 나는 고정관념에서 벗어나 개념을 바꾸는 걸 좋아한다. 관점을 바꾸면 우리가 보지 못한 것을 보게 되고 거기서 얻는 긍정적인 효과도 크기 때문이다. 그래서 관점을 달리하고, 개념을 바꾸어 더드림아카데미의 문화를 만들고 그것을 시스템화하는 작업을 계속하고 있다.

우리는 '한가한' 시간이 없다

먼저 살롱 구성원 간에 존댓말을 사용케 하고 이름 대신 닉네임을 부르도록 했다. 이걸 도입할 당시만 해도 미용업계에서는 스태프들을 부를 때 존칭을 생략한 채 이름만 부르고 반말을 하는 게 일반적이었다. 그러다 보면 스태프를 함부로 대하기 쉬웠다. 그래서 나는 다른 곳보다 빨리 닉네임을 도입했다. 닉네임도 사랑, 최고, 열정, 칭찬, 감사, 희망, 소망 같은 긍정적인 것들로 미리 정해두어서 그중에서 하나를 선택해서 사용할 수 있게 했다. 긍정적인 단어를 자주 쓰다 보면 부정적인 생각보다는 긍정적인 생각과 태도를 보이게 되는 효과도 얻을 수 있을 거라는 기대도 있었다. 그 기대는 현실이 됐다. 긍정적인 단어로 닉네임을 부르자 직원들의 표정이 밝아졌다. 또 열정이 없는 스태프에게는 열정이라는 닉네임을 붙여주니 정말 열정적으로 태도가 바뀌었다. 최고가 되고 싶다는 스태프에게는 최고라는 닉네임을, 예뻐지고 싶다는 스태프에게는 이쁨이라는 닉네임을 붙여주었다. 처음에는 쑥스러워하던 직원들이 그 닉네임을 자연스럽게 받아들이고 자신의 닉네임처럼 변화해갔다.

두 번째로 도입한 것은 살롱 안에서 사용하는 용어를 긍정적인 단어로 바꾼 것이다. 그것을 통해 살롱 분위기를 긍정적인 환경으로 만들고 싶었다. 직원실을 사랑방이라고 불렀고, 인턴을 파트너라고 바꾸어 사용했다. 인턴이라고 하면 미용 업무를 배우기 위한 사람으로만 인식하기 쉬운데, 파트너라고 하게 되면 동반자로서 함께 성장해가는 사람으로 대우해줄 수 있기 때문이다. 또한, 고객님이라 부르지 않고 회원님이라고 칭하고 있다. 고객의 경우 높은 사람이라는 의식을 갖게 하는데, 회원이라고 하게 되면 대등한 관계를 유지하는 대신 보다 친밀감을 가지고 친절하게 응대할 수 있고 직원과 회원들이 서로 존중할 수 있게 될 거라는 생각에서였다. 그래서 우리 살롱에서는 10여 년 전부터 고객님이 아니라 회원님으로 고쳐 부르고 있다. 크든 작든 살롱을 운영하는 분들이라면 살롱을 운영할 때 되도록 긍정적인 용어들을 사용하라고 권하고 싶다. 긍정적인 표현이 성장하는 데 이바지하는 바가 크기 때문이다.

우리 살롱에는 없는 게 있다. '한가한 시간'이 없다. 대신 '여유 있는 시간'이 있다. 또한 '바쁜 시간'이 없다. 대신 '해피타임'이 있다. 바쁘다는 말은 왠지 어감이 부정적인 느낌을 줘서다. 일을 해보면 한가하면 한가해서 힘들고 바쁘면 바빠서 힘들었다. 그런데 한가하다는 건 달리 생각하면 여유가 주어지는 거였다. 우리가 여유가 있으면 밥 먹고, 쉬고, 공부하고, 충전하게 된다. 그래서 좋은 거다. 마찬가지로 바쁜 시간은 우리 미용사들이 모두 바라는 일이다. 손님이 많으니까 바쁘고 바쁘면 매출도 늘게 되어서다. 그런데 많은 사람이 바빠서 힘들다고 한다. 그래서 우리 살롱에서는 '바쁜 시간'을 '해피타임'으로 부르고 있고, 우리 살롱에는 바쁜 시간은 없고 해피타임만 있을 뿐이다.

이렇게 긍정적으로 생각하고 긍정적으로 말을 하는 분위기 조성을 통해 많은 성장을 이루어냈다. 살롱 직원들도 늘었고 매출액도 증가했고 코로나 때도 우리 살롱은 꾸준히 성장해왔다. 차이는 있지만 코로나 동안 더드림아카데미 파트너 살롱은 전체적으로 20% 이상 성장했다.

코로나 때문이 아닌 코로나 덕분에

운영하는 살롱 중 두 개가 명동에 있다. 명동 1호점과 2호점. 그런데 2020년 1월에 코로나가 터졌다. 명동은 상권이 예전 같지 않다고는 하지만 그래도 강북에서 유동 인구가 많은 데다 관광객의 발길도 끊이지 않는 곳이다. 그런데 코로나가 발발한 후 인적이 끊겼다. 9시 뉴스에서는 매일 한산한 명동거리를 내보냈다. 2020년 계획을 세워서 야심 차게 출발하려는 때에 코로나로 인한 타격을 입게 되자 살롱을 운영하는 더드림아카데미 동료들이 놀라서 어떻게 해야 하나 고민이 깊었다. 회원들도 마찬가지로 걱정하며 살롱을 방문해도 안전한지 전화 문의를 해왔다. 나는 원장들과의 회의에서 경험을 통해 위기가 기회라는 걸 알고 있으니 너무 걱정하지 말자고 했다. 이럴 때일수록 긍정적으로 생각하자고 하면서 코로나 때문이라는 말은 쓰지 말자고 했다. '코로나 때문에'라는 말이 아니라 '코로나 덕분'이라 하자고 제안한 것이다.

"코로나 덕분에 뭐가 좋아졌는지를 생각해봐요. 코로나 덕분에 명동 길에 사람이 한 명도 없잖습니까. 그러니 회원님들이 오기 얼마나 편해졌습니까? 코로나 덕분에 공기가 깨끗해졌죠? 얼마나 좋아요. 코로나 덕분에 여유가 생겼잖아요. 늘 한가한 시간이 없다고 그랬는데 코로나 덕분에 여유가 생겼으니 얼마나 좋습니까? 새로운 것을 준비할 수 있고 공부할 수도 있잖습니까. 코로나는 지나갈 겁니다. 그러니 다음을 준비할 수 있는 시간으로 생각하고 그동안 열심히 해왔으니 지금의 이 여유를 즐깁시다."

그렇게 긍정적인 방향으로 생각을 바꾸게 하자 동료들이 안정을 찾았다. 어차피 코로나 상황이 벌어졌고, 그것은 우리 살롱만 겪는 일이 아니라 동종 업계 사람들 모두 겪는 일이고, 또 이 시간이 지나가면 어떤 사람은 떠날 것이고, 버티는 사람은 남게 될 일이었다. 떠난 사람에게는 안된 일이지만 이 고비를 잘 넘기면 살롱 개수를 늘릴 기회가 올 수도 있다고 생각했고 동료들에게도 그 이야기를 했다. 그러니 코로나 때문이라고 부정적으로 생각하지 말고 코로나 덕분이라고 발상을 전환하자고 했다.

회원들에게도 마찬가지로 응대했다. 전화로 살롱을 방문해도 되는지 걱정스럽게 물어오면 "오세요. 길에 아무도 없어서 괜찮아요. 뉴스 보셨죠? 명동은 코로나 청정구역이에요. 사람이 없어서 코로나 확진자도 안 나와요. 엘리베이터도 혼자 이용하실 수 있어요. 그러니까 걱정하지 말고 오세요"라며 유머를 섞어가며 회원님들을 안심시켰다. 그리고 회원님들이 안심할 수 있도록 마스크 착용과 손 소독을 철저히 하고 방역하는 모습도 보여드렸다. 회원님 간 간격 유지에도 신경을 썼고 회원님들이 오면 반갑게 맞았고, 직원들은 웃으면서 서로의 닉네임을 부르면서 즐겁게 일을 했다. "행복 님, 샴푸 해주세요", "기쁨 님, 머리 좀 합시다" 등 경쾌한 목소리로 할 일에 관해 이야기하고 웃으면서 회원님들을 대하니까 회원님들의 피드백이 좋았다. 코로나가 시작된 지 3개월이 지나자 회원님들이 우리 살롱에 오면 살 것 같다고 했다. 집에 있으면 답답하고 뉴스에서도 불안한 소식만 나와서 우울했는데 다른 세상에 온 기분이라고 얘기하고, 힐링하고 가는 기분이라며 행복해했다. 그러고는 스트레스를 풀러 왔다며 살롱을 방문하고는 했다.

우리 살롱들은 처음 얼마간은 매출이 잠시 주춤하기도 했다. 하지만 회원님들이 한두 번 방문한 뒤 안심하고 오기 시작하면서 매출이 코로나 이전과 같은 수준으로 회복되었고 그것을 넘어서게 되었다. 지금도 코로나 영향으로 인해 명동 상권이 회복되지 않았지만, 그때는 더 심했다. 한 집 건너 하나씩 폐업 스티커가 붙어있고 황량한 미국 서부가 연상될 정도로 거리는 스산했고, 골목이 폐허가 되다시피 했다. 그걸 보면서 내 마음도 좋지 않았다. 코로나가 단기간에 끝나지 않으면 우리 살롱도 그 피해를 피해 가지 못할 수도 있어서였다. 다행히 '코로나 덕분에'라는 긍정적인 생각이 살롱의 분위기를 반전시켰고, 정말 그 덕에 회원들이 안심하고 찾아왔다. 그리고 공들였던 감탄 문화가 빛을 발했다. 적극적이고 밝은 리액션으로 직원들끼리 서로 긍정의 에너지를 주고받았고 그 에너지를 회원님들에게도 전달해서 함께 힘든 시절을 통과할 수 있었다.

물론 여전히 코로나 여파가 남아있기는 하다. 경쟁 업체들의 과다 경쟁 때문이다. 코로나 시기에는 동종 업계의 살롱들이 조용히 있다가 위드코로나로 전환되면서 고객을 유치하기 위해 과도한 경쟁을 벌이고 있다. 하지만 사업이라는 게 앞서 달려야 할 때가 있고 기회를 노리고 잠시 쉬어야 할 때도 있다. 우리는 지금 다음 기회를 노리기 위해 전열을 단단히 하고 기다리고 있다.

현재에 최선을 다하는 미래의 창조자

오늘이 없이는 내일도 없다. 또한, 내가 보낸 오늘이 내일의 나를 좌우하기도 한다. 오늘을 열심히 살았다면 조금 더 성장한 내일의 나를 기대할 수 있다. 반대로 오늘을 허투루 보낸 사람은 내일을 기대할 자격이 없다. 나의 각오는 그런 오늘에 관한 이야기이기도 하다.

지금도 그러는지 모르겠지만, 예전에는 보통 기업들에서 아침마다 조회했다. 그날 할 일에 대해 지시하고 전달 사항을 전하고 오늘하루도 열심히 근무하자는 게 주요 내용이었다. 더드림아카데미도 매일 아침 그런 시간을 갖는다. 우리는 조회라고 말하는 대신 〈좋은 아침 만들기〉라고 한다. 〈좋은 아침 만들기〉의 첫 번째 순서는 '나의 각오'를 구성원들이 함께 외치는 것이다. '나의 각오'를 처음 외친 것은 내가 이철헤어커커에서 인턴으로 일할 때였다. 그때는 본부장님이 진행하셨는데 한 사람이 먼저 선창하면 다른 사람들이 따라 했다. 내용은 '나는 목표가 있으며 적극적이다, 나는 부지런하며 끈기가 있다, 나는 창의적이며 사랑으로 봉사한다, 나는 미의 창조자로서 최선을 다한다, 나는 우리의 발전이 나의 발전임을 굳게 믿는다'이다. 더드림아카데미의 파트너 살롱에서는 아직도 아침마다 '나의 각오'를 외치고 있다.

인턴으로 근무할 때 나는 누구보다 큰 목소리로 '나의 각오'를 외쳤다. 거기에 담긴 내용이 무척 마음에 와닿아서였다. 나를 일깨워주는 느낌이었다. 나는 그다지 적극적이거나 목표지향적인 사람이 아닌데 매일 아침 목표가 있고 적극적이다고 외치니까 내가 그런 사람이 되어가는 것 같았다. 부지런하며 끈기가 있다는 것도 마찬가지였다. 내가 외치는 각오처럼 되기 위해 아침에 더 일찍 나오고 퇴근 후에도 살롱에 남아서 기술을 익히려는 끈기도 생기는 듯했다. 창의적이며 사랑으로 봉사한다고 하니 좀 더 좋은 생각을 하려 노력하고 고객을 대하는 나의 자세나 마음가짐도 사람을 먼저 생각하는 쪽으로 바뀌었다. 미의 창조자가 되어 사람들을 아름답게 만드는 일을 하는 내가 괜찮은 사람처럼 느껴졌고, 그러기 위해 기술을 연마하게 되었다. 더 나아가 단순히 머리를 잘라주는 기술자를 넘어 고객의 이미지를 디자인하고 창조하는 미의 창조자로서 최선을 다하려고 했다.

'나의 각오' 중에서 가장 좋아했던 것은 마지막 항목인 '나는 우리의 발전이 나의 발전임을 굳게 믿는다'라는 이 부분이다. 공동체 정신을 말하는 것인데 원래는 '나는 커커의 발전이 나의 발전임을 굳게 믿는다'라는 것이었다. 그렇게 10년을 외치다가 지금처럼 바뀌었다.

커커라는 건 회사인 '이철헤어커커'를 말하는 거고 나는 그 회사 소속이었다. 즉 회사의 발전이 나의 발전임을 굳게 믿는다는 얘기였는데 나는 '굳게'라는 대목을 말을 할 때 심장이 뛰었다. 왜 뛰었을까? 사람들은 회사의 발전이 나의 발전이라는 걸 믿지 않을 수도 있지만 나는 그게 정말 굳게 믿어졌고 그 단어를 외칠 때마다 심장이 뛰었다. 그래서 누구보다 큰 소리로 외쳤다. 그랬더니 나중에는 나에게 선창을 맡기기도 했는데 다른 열 명의 목소리보다 내 목소리가 더 컸다. 21세기에는 안 맞는 말일 수 있지만 나는 회사가 잘되어야 내가 잘될 수 있다고 생각했고 지금도 그 생각에는 변함이 없다. 초보 디자이너 시절 작은 살롱에서 매출 탑을 올리고 있었고, 나를 지명하는 고객이 꾸준히 늘고 있었지만 나는 결국 이철헤어커커로 돌아왔다. 이철헤어커커라는 브랜드가 좋았고, 거기 소속이라는 게 나에게는 자부심이었기 때문이다. 그래서 이철헤어커커가 성장할 수 있도록 무보수로 교육 시스템을 만드는 일에 전념하기도 했다. 내가 그랬던 것처럼 나는 더드림아카데미가 우리 구성원들에게 자부심이 되기를 바라는 마음이다. 그래서 혹여 독립하게 되더라도 더드림아카데미에서 근무했다는 것만으로도 그에게 자부심이 되었으면 한다.

긍정적인 아침이 긍정적인 하루를 만들어

지금은 현장을 떠나있지만, 살롱을 이끄는 동안 하루도 빼놓지 않고 동료들과 나의 각오를 외쳤다. 그리고 더드림아카데미가 운영하는 아카데미 교육을 시작할 때면 여전히 나의 각오를 외치고 있다. 이유는 아침부터 긍정어를 이야기하면 성장할 수 있다고 믿기 때문이다. 나는 아침이면 "나는 내가 정말 좋다, 그래서 아침에 일어나는 게 정말 좋다" 이렇게 큰 소리로 말하면서 일어난다. 때로는 기지개 켜면서 "좋아. 오늘도 잘될 거야"라는 식으로 마치 주문을 외듯이 소리 내 말한다. 그러면 그날 아침이 조금은 더 활기차진다. '아우, 나가기 싫은데'라고 생각하는 사람도 많겠지만 그렇더라도 출근은 하지 않나. 그래서 어차피 할 거 기분 좋게 시작하려 한다. 컨디션이 몹시 안 좋은 날도 있지만 그때도 "살겠다"고 얘기한다. 식당에 가서 밥을 먹을 때도 마찬가지다. 식당에 들어서면 자동으로 인사하고, 주문한 음식이 나오면 또 감사하다고 인사하고, 음식을 입에 넣기도 전에 맛있다고 얘기한다. 일종의 자기 암시 같은 거다. 설령 맛이 없더라도 그런 마음으로 밥을 먹고자 하는 마음이 담긴 거다.

간절히 바라면 꿈은 이루어진다고 한다. 나는 부지런하지도 않았고 미용 일을 하기 전까지 끈기가 있는 편도 아니었다. 공부를 잘한 것도, 운동을 잘한 것도 아니었고, 그저 평범한 아이였다. 내성적이었고 숫기도 없고, 말도 조리 있게 하지 못했다. 그런 내가 경쟁이 치열한 미용 업계에서 살아남고 성공하려면, 배우고 노력하는 것밖에는 없었다. 그래서 나보다 먼저 미용의 길을 걸어간 선배, 성공한 사람들의 이야기를 책으로 읽고 강연을 들으면서 따라 하려고 했다. 나의 각오도 그런 노력과 의지 중의 하나였다. 내가 이루고자 하는 목표를 잊지 않고 행하려는 노력이자 의지였다. 할리우드에서 활동하는 영화배우 짐 캐리는 코미디 영화의 제왕으로 불리기도 한다. 흥행작만 해도 수십 편이고 출연료만 해도 영화 한 편당 1,000만 달러가 넘지만 짐 캐리에게도 무명 시절이 있었다. 어려운 가정 형편 때문에 일찍 생계를 위한 일을 시작해야 했던 짐 캐리는 열일곱 살이던 1979년에 코미디언으로 데뷔한다. 하지만 그의 무명 생활은 계속 이어졌고 차에서 잠을 자거나 끼니를 햄버거로 때우기도 했고 우울증에 걸리기도 했다. 그러던 어느 날 그는 영화 한 편에 출연료 1,000만 달러를 받는 배우가 되겠다는 바람을 가지고 가짜 백지수표에 1,000만 달러를 적어 그걸 지갑에 넣고 다녔다. 그 후 짐 캐리는 영화 〈덤 앤 더머〉에서 700만 달러를 받았고, 〈배트맨〉에서는 1,000만 달러를 출연료로 받았다.

지금이야 짐 캐리의 그런 행동을 긍정적인 사례로 꼽지만, 무명배우였던 시절에 누군가는 짐 캐리의 1,000만 달러를 비웃었을지도 모른다. 물론 짐 캐리가 성장하기 위한 노력은 하지 않고 그런 꿈만 가지고 있었다면 허황된 것에 지나지 않았을지도 모른다. 하지만 짐 캐리는 독보적인 배우가 되기 위한 의지를 꺾지 않고 노력해서 그것을 이뤄냈다. 짐 캐리 사례에서도 알 수 있듯이 목표가 갖는 힘은 크다. 자신이 세운 목표를 의심하지 않고 그것을 매일 떠올리며 현재의 삶에 충실한다면 내 삶의 '1,000만 달러'는 반드시 이루어진다고 믿는다. 나 역시 그걸 경험했기 때문이다.

또 오겠다는 말을 믿지 마라

미용업은 눈에 보이지 않는 상품을 파는 일이다. 흔히 상품이라고 하면 눈으로 확인할 수 있는 것들이다. 그래서 구매자는 그것의 특성을 살펴보고 구입할지 말지를 결정한다. 하지만 미용 상품은 그렇지 않다. 시술이 끝나야 상품이 보인다. 커트만 하더라도 커트하고 샴푸 하고 드라이하고 스타일링 스프레이까지 뿌려야 결과를 확인할 수 있다. 디자이너 입장에서는 상당한 불안감을 안고 시술하게 된다. 특히 고정고객이 아닌 첫 방문 고객이 오게 되면 더 긴장하게 된다. 디자이너는 고객이 만족할만한 결과를 내기 위해 시술하기 전 고객이 어떤 시술을 원하고, 어떤 스타일을 원하는지를 듣고 시술 방향을 잡게 된다. 그렇지만 고객이 기대하는 결과가 나올 수도 있고 아닐 수도 있다. 다행히 시술 결과가 잘 나오면 고객은 무척 좋아하며 또 오겠다며 명함을 챙겨달라고 얘기한다. 계산할 때도 그렇고 문을 열고 퇴점할 때까지 반응이 너무 좋다. 누가 봐도 다음에 다시 올것만 같다. 하지만 통계적으로 보면 그런 고객들이 재방문할 확률은 30~50% 정도밖에 안 된다. 만족했고 다음에 다시 오겠다고 했는데도 재방문하지 않는 데는 몇 가지 이유가 있다. 그중 가장 큰 게 습관이다. 그 고객은 지금까지 미용실을 한 번도 안 갔을까? 그렇지 않다. 다니던 미용실이 있을 것이다. 그런데 우리 살롱에 왔을 때는 그럴 만한 사정이 있었을 테고, 그러한 사정 때문에 와서 만족했더라도 그 만족이 습관을 이기기는 어렵다.

그 고객이 시술을 다시 하려면 최소 한 달 혹은 두 달 정도의 시간이 필요하다. 그런데 인간은 망각의 동물이라고 잊는다. 그날 만족했던 것, 그로 인해 즐거웠던 기분을 잊거나 그 기억이 희미해진다. 그래서 머리를 해야 할 때가 되면 무의식중에 다니던 살롱으로 가게 된다. 미용실에서 가서 머리를 하겠다는 마음에는 당연히 예쁘게 될 거라는 전제가 있다. 미용실 가면서 오늘 머리를 망칠 거라고 생각하며 가는 사람은 한 명도 없다. 그러니까 그때 우리 살롱에 와서 좋았던 기억은 특별한 것이 아니다. 그래서 잊기가 쉽다. 그 마음은 충분히 공감이 간다. 또 오겠다고 하고서 또 오지 않는 건 그 고객이 약속을 어긴 게 아니다. 인간의 특성 중 하나인 것이다. 따라서 또 오겠다는 말을 믿지 말라는 건 그 고객을 믿지 말라는 것이 아니라 인간의 그러한 특성을 이해하라는 거다. 그리고 그런 분위기에 휩쓸리지 말고 다음에 다시 올 수 있는 확실한 이유를 만들어야 한다. 그래야 비즈니스가 성공할 수 있다.

또 오겠다고 했던 고객이 다시 오지 않는 또 다른 이유는 고객 본인보다 외부에 있을 수 있다. 그 고객 본인은 그날 시술한 머리가 무척 맘에 들었을 수 있다. 그래서 기쁜 마음으로 친구들을 만나러 갔는데 친구 중 누군가 좀 이상하다고 하면 다시 올 마음이 사라지고 만다. 디자이너와 스태프들이 감탄하고 칭찬해도 친구가 이상하다고 한마디 하면 그 기쁨이 사라지는 거다. 나는 만족스러워도 주변 사람들 반응이 신통치 않으면 시술 결과에 의심이 가게 된다. 그래서 시술 마무리를 할 때쯤 미리 이렇게 얘기하기도 했다.

"회원님 오늘 누구 만나세요?"

"친구 만나러 갈 거예요."

"그분 좋은 분이죠? 회원님 머리를 보고 예쁘다고 해주실 수 있는 분이죠?"

"그럼요."

"그래도 조금 이상하다고 하실 것 같으면 만나지 마세요. 왜냐면 머리가 이렇게 예쁘게 나왔는데 사람마다 시선이 달라서 좋지 않은 반응을 보일 수도 있거든요."

좀 더 강력하게 어필하려면 이렇게 얘기하기도 했다.

"어색해도 좋은 친구라면 예쁘다고 해줄 거고요, 평소에 회원님을 질투하던 친구라면 잘 어울려도 이상하다고 할 거예요. 그렇잖아요. 좋은 친구라면 어색하더라도 위로하는 의미로 괜찮아. 잘 어울려, 일단은 이렇게 얘기하겠죠."

극단적인 표현이긴 하지만 고객이 좋지 않은 반응을 만날 수 있는 상황을 알려주고, 그것에 신경 쓰지 않도록 하려는 거다.

다음에 다시 오겠다는 약속, 멤버십 제도

나 역시 그런 고객을 많이 경험했다. 먼저 명함 달라고 하고 반응도 좋아서 다시 올 것 같은데 기다려도 오지 않는 고객이 있다. 그런가 하면 반대로 마무리가 다 끝났는데도 자리에서 일어나지 않고 머리가 이상하다 그러고, 양쪽 머리 길이가 짝짝이라며 불평하고, 그래서 명함을 주는 게 내키지 않는 고객이 있다. 이런 경우 누가 봐도 맘에 안 든 게 보인다. 심지어는 싸우고 가는 분도 있고, 가격이 왜 이렇게 비싸냐며 가격으로 트집 잡는 고객, 내가 원하는 스타일은 이게 아닌데 이게 뭐냐며 퇴점할 때 온갖 짜증을 내는 고객도 있다. 그때 할 수 있는 건 죄송하다고 표현하는 것밖에는 없고, 그래도 계속 항의하면 회원가로 할인해주겠다고 제안하기도 한다. 그러면서 속으로 저분은 안 왔으면 좋겠다고 생각한다. 그런데 희한하게 당연히 안 올 거라고 예상했던 고객이 재방문한다. 오겠다고 한 고객은 오지 않고. 그런 경우가 반복되자 왜 그런지를 분석해봤다.

다시는 오지 않겠다며 길길이 날뛰던 고객이 쑥스러운 표정을 지으면서 방문하는 경우가 종종 있다. 그럴 때 디자이너나 스태프는 '왜 왔지?', '오늘은 또 어떤 거로 꼬투리를 잡을까?', '오늘 또 너무 힘들어지는 거 아니야?' 이런 생각을 하게 마련이다. 그런데 시술하면서 조심스럽게 물어보면 그런 대답을 한다.

"친구들이 다 잘 어울린다고 하더라고요."

"처음엔 어색했는데 며칠 지나고 나니까 혼자서 관리하기가 너무 편했어요."

시술 당시에는 맘에 들지 않았는데 시간이 지나면서 만족도가 올라간 거다.

디자이너가 매출을 올리려면 신규 방문객만으로는 한계가 있다. 왔던 고객이 재방문을 하게 만들어야 하고 나를 고정으로 찾아주는 팬이 있어야 일에서 성공할 수가 있다. 그러기 위해서 기술도 배우는 거다. 그런데 일을 하다 보면 안타까운 상황과 직면하게 된다. 경험이 적은 디자이너일수록 고객을 생각하는 마음이 순수하다. 그래서 '잘해주면 다음에 또 오겠지'라는 마음으로 정말 최선의 서비스를 제공한다. 소위 말하는 간도 쓸개도 빼줄 것처럼. 고객이 입점했을 때 인사도 잘하고 조금이라도 불편하지 않을까, 머리가 마음에 들지 않을까 노심초사하면서 할 수 있는 최선의 서비스를 제공한다. 고객도 매우 만족해하면서 다음에 또 오겠다고 인사하며 간다. 그런데 신입 디자이너에게 다시 올 수 있는 확률이 20%밖에 되지 않는다.

그래서 만든 게 멤버십 제도다. 많은 살롱에서 선불권이나 정액권 제도를 운영하고 있다. 고객이 할인받기 위해서 일정 금액을 미리 결제하면 그 한도 내에서 시술 비용을 차감하는 방식이다. 일종의 약속이다. 고객이 회원 가입을 해서 이 살롱에 다니겠다는 약속을 함으로써 할인 혜택과 여러 가지 이벤트를 제공하는 것이다. 그렇게 해서 멤버십 잔액이 남아있는데도 다시 찾는 고객이 100%가 안 된다. 멤버십 고객 중 10%는 안 오기도 한다. 그렇지만 멤버십 제도에 가입하면 다시 올 확률이 더 높다. 재방문율이 90% 이상으로 올라간다. 따라서 직원들에게 불편한 고객일지라도 우리가 꼭 해야 하는 건 다음에 다시 오겠다는 약속을 받는 것이다. 멤버십 제도에 사인을 받는 것이다. 그것이 고객을 위해서도 좋다. 회원 가입을 하면 개인 차트가 생성되고, 거기에 시술한 내용이 기록되어 다음번에 시술할 때 그것이 참고 자료가 된다. 또한, 회원들에게 제공되는 다양한 혜택을 받을 수 있다. 멤버십 제도에 고객들이 가입하게끔 하는 것은 고객의 재방문율을 높이기 위한 것도 있지만 디자이너들이 상처받지 않게 하려는 의도도 있다. 고객들의 긍정적인 반응으로 다시 올 거라는 기대를 했다가 그 기대가 꺾이면 상심하게 되는데 멤버십 제도를 두면 그걸 방지할 수 있다. 멤버십 제도에 사인하지 않으면 재방문 의사가 없는 거로 보고 기다리는 수고를 하지 않아도 되기 때문이다. 물론 멤버십 제도에 가입하지 않았는데 다시 방문한다면 더없이 좋은 일이고.

고객 관리하지 않습니다

"고객 관리는 어떻게 하세요?"

이렇게 물어오면 나는 고객 관리는 하지 않는다고 한다. 대신 고객들이 우리랑 오래갈 수 있게 어떤 혜택을 줄 수 있을까를 고민한다고 대답한다. 새로 유입되는 고객도 중요하지만 이미 고객인 이들을 지키는 게 더 중요해서다.

물론 우리도 새로운 고객을 영입하기 위한 마케팅을 한다. 업체를 통한 이벤트, SNS 홍보, 리뷰 남기기, 배너 홍보 등 다른 살롱이 하는 것과 같은 일반적인 마케팅을 하고 있다. 그러나 우리의 마케팅에서 가장 중요한 것은 '왔을 때 잘하자'이다. 즉, 지금 당장 내 눈앞에 있는 고객에게 최선을 다하고, 그래서 다음에 다시 올 수 있게 하자는 것이다. 넓은 바다에서 어디에 있을지 모르는 물고기를 잡기 위해 에너지를 허비하지 말고, 우리 살롱을 찾은 고객과 친분을 맺고, 그 고객에게 해줄 수 있는 혜택을 제공하자, 그래서 지속적인 관계를 맺어가자는 게 우리가 중요하게 여기는 부분이다. 왜냐면 새로운 고객 한 명이 오는 과정이 어렵다. 지역마다 얼마나 많은 미용 업체가 있는데, 그 경쟁 업체를 놔두고 우리 살롱을 찾아준다는 건 그만큼 쉽지 않은 일이다. 그래서 새로운 고객이 오면 멤버십 제도 중 첫 방문 멤버십 혜택을 제공하고, 그걸 통해서 두 번, 세 번 방문할 수 있게 한다.

처음 방문했을 때 재방문할 수 있는 확률을 높이기 위한 행동을 취해야 한다. 내가 머리를 잘 잘랐다고 해서 그 고객이 다음에 또 나에게 올까? 아니다. 그 고객이 다음에 나한테 반드시 와야 할 명분 혹은 구실을 만들어야 한다. 살롱에 근무하는 디자이너 중엔 실력이 뛰어난 사람이 많다. 그런데도 고객이 다시 찾아올 확률은 높지 않다. 왜 안 오나 보면 아무리 실력이 뛰어난 디자이너라고 할지라도 이 디자이너에 관한 판단은 고객이 주관적으로 해서다. '나랑 안 맞아'라고 생각하면 끝이다. 그런데 처음 만난 사람들이 서로의 스타일을 맞추기가 쉬운가? 아니다. 의류 판매장에서 고객의 취향에 맞는 옷을 찾아주기도 어려운데 형태가 없는 헤어스타일은 더더욱 맞추기가 힘들다. "멋있게 해드릴게요"라고 하면서 시술을 끝냈는데 고객이 "저는 어려 보이는 걸 좋아하는데 너무 분위기 있어 보여요"라고 하면 끝인 거다. 모질이나 헤어 상태는 금방 파악이 되지만 고객의 기대치나 취향은 파악하기 어렵다. 그렇다고 처음 방문한 고객이 자신이 뭘 좋아하는지 구구절절이 설명하지 않는다. 제대로 된 설명도 없는 상태에서 첫 만남에 디자이너와 고객이 통할 확률은 희박하다. 알아가는 시간이 필요한 것이다. 그래서 나는 첫 방문 고객에게 이런 말을 하곤 했다.

"회원님! 저랑 세 번은 만나 주세요. 세 번은 되어야 회원님이 뭘 좋아하시는지 그걸 알아갈 수 있거든요."

세 번쯤 되면 고객의 취향을 파악하게 된다. 그래서 좀 더 편안한 마음으로 추천과 제안을 할 수 있다. "이번에는 이렇게 분위기 한번 바꿔볼까요?" 이런 식으로 말이다. 그러나 고객들은 세 번 이상 만날 기회를 쉽게 주지 않는다. 그걸 만드는 게 마케팅이다. 디자이너와 고객이 공감대를 형성했다고 해서 다음에 온다는 보장도 없다. 마케팅하는 살롱이 무수히 많아서다. 다음에 머리를 하기까지 최소 3주에서 한 달 정도의 시간이 필요한데 그동안 수많은 살롱과 디자이너가 이 고객에게 마케팅할 거고, 게다가 그전에 이미 경험한 디자이너도 있을 것이다. 지인의 디자이너도 있을 테고. 그처럼 수없이 많은 마케팅과 싸울 게 아니라 나한테 왔을 때 마음을 열게 해야 한다. 담당 스타일리스트가 있는데 사정이 생겨 그날 잠깐 들른 거라면 담당 스타일리스트가 꾸준히 시술했던 방법을 추천하고, 그게 마음에 들었다면 우리에게 세 번의 기회를 달라고 한다. 즉, 첫 방문 멤버십에 가입하게 만드는 것이다. 첫 방문 멤버십은 세 번의 기회를 보장받는 대신 할인 혜택과 트리트먼트, 남자 고객 같으면 다운펌 혜택을 넣어준다. 그러고도 안 맞으면 우리랑 안 맞는 거니까 고객의 판단에 맡긴다. 하지만 대부분은 세 번 만나면 취향을 맞출 수 있고 서로 만족하게 된다.

3장

원장의 고객은
직원

원장의 고객은 직원

2021년 말, M 살롱을 우리 더드림아카데미가 인수했다. 우리가 인수하기 전 매출은 월평균 4,000만 원에서 5,000만 원 사이였다. 그 살롱을 인수해서 J 원장과 공동 경영을 하게 됐다. 우리가 인수한 지 6개월 만에 월 매출 1억 원을 달성했고, 1년이 지날 무렵에는 1억 5,000만 원을 달성했다. 매출액이 급성장한 것도 기분 좋은 일이었지만 그보다 더 좋았던 것은 고객들의 피드백이었다. 우리가 인수한 뒤로 살롱 분위기가 살아나고, 직원들이 생기있어지고, 그래서 살롱에 오고 싶어졌다고 했다. 물론 그렇게 되기까지 어려움도 있었다.

M 지점을 맡은 J 원장은 다소 늦은 나이에 미용 일을 시작했고, 명동지점에 근무하면서 더드림아카데미의 성장 시스템을 제대로 잘 밟아왔다. J 원장처럼 성장 과정을 잘 밟아서 스태프에서 원장으로 성장한 오너가 더 있다.

J 원장은 자신도 인턴부터 시작했기 때문에 직원들에게 마음을

쓰면서 잘해주려고 노력했다. 그러면서 성과를 올리고 싶은 마음이 커서 의욕적으로 살롱을 운영했다. 그러다 보니 직원들과 마찰이 생겼다. M 지점을 인수할 때도 기존의 직원들과 더드림아카데미 사이에 의견 차이가 있기는 했다. 하지만 나는 견해차가 더 커지기 전에 직원들이 원하는 방향으로 맞춰줬다. 내 자존심이 있기는 했지만, 자존심과 연결하고 싶지 않았다. 그리고 무엇보다 함께 잘해보고 싶은 마음이 컸다. 직원들이 자신의 의견을 주장하면 "그럴 수도 있겠네요, 저희가 제시한 바가 부당하다고 생각된다면 여러분이 원하는 쪽으로 하세요. 대신 이제 한 공동체니까 이곳을 함께 키워봅시다"라고 얘기를 했고, 그 말에 인수 자체를 못마땅해 하던 직원들의 마음이 돌아섰다.

인수할 때도 의견 차이를 보였는데 함께 생활하면서는 서로 얼마나 힘들었겠는가? 매일 보는 사이에. 한편에서는 혁신을 요구하고, 한편에서는 갑작스러운 변화가 불편하고. 그런 상황에서 J 원장이 이 상황을 어떻게 타개해 나가면 좋을지 조언을 구했다. 그때 내가 했던 말은 지금 성과 보려고 하지 말라는 말이었다.

"지금은 많이 칭찬해주고 직원들이랑 재밌게 즐겨. 지금은 성과 볼 때가 아니야."

그 뒤 J 원장은 성과를 보겠다는 마음을 내려놓고 직원들과 긍정적인 얘기를 하면서 관계를 회복해 나갔다. 밥도 사주고, 간단하게나마 간식도 만들어주고, 전에 만들어 뒀지만 시행하지 않고 있던 제도들도 복원시켰다. 그렇다고 보상이 크게 달라지지는 않았다. 근무할 때 개선 사항이라든가 직원들의 요구 사항 등을 수용하는 정도였다. 그러자 직원들이 이런 표현을 했다.

"우리한테 왜 이렇게 잘해주세요?"

이전에 근무할 때는 직원과 원장의 관계가 직원과 고용인의 관계에 머물러 있었다면 J원장이 운영을 맡은 뒤로는 분위기도 달라지고, 태도를 조금만 바꿔도 잘했다 잘했다 칭찬하고, 남은 것도 없을 텐데 밥 사주고 자꾸 퍼주는 느낌이 들어서 그런 말을 한 것이다. 물론 이전 원장도 직원들에게 잘했겠지만, 미처 생각지 못한 부분까지 배려해주니까 직원들이 좋으면서도 한편으로는 의아했던 모양이다. 그래서 "이래도 돼요?", "이러고도 남는 게 있으세요?"라고 묻거나 심지어는 '무슨 속셈이 있어서 이렇게 잘하나?', '굳이 이렇게까지 할 일인가? 원장님이 돼서 우리한테 이렇게까지?' 이렇게 느끼는 직원들도 있었다.

원장이 된다는 건 이겁니다

더드림아카데미는 살롱을 맡기기 전에 원장을 희망하는 직원과 면담을 한다.

"왜 원장이 되고 싶으세요?"

그러면 대부분 돈을 더 많이 벌고 싶어서라고 대답한다. 그 말이 맞다. 지분을 나누기는 하지만 내 돈을 투자해서 미용실을 차리는 것은 돈을 더 벌기 위해서다. 그러면 나는 그 대답을 듣고 두 번째 질문을 던진다.

"원장의 역할은 뭘까요?"

그러면 각자가 생각하는 원장의 역할에 대한 답을 한다. 그 대답을 듣고 나는 이렇게 얘기한다.

"원장이 된다는 건 이겁니다. 나와 함께하는 동료들이 잘살 수 있게 책임지는 겁니다. 그러니 원장이 되는 순간부터 마음에 새겨야 할 것은 직원들로 하여금 많은 돈을 벌게 해야지가 아니라 내가 이 사람들이 먹고살 수 있도록 책임진다는 사실이에요. 그게 원장이 되는 거예요. 희한하지 않아요? 돈 벌려고 미용실을 차렸는데 책임질 사람은 늘고, 내가 돈을 버는 것은 나중이고, 직원들이 먹고살게 하는 것이 먼저라는 거. 그러면 어떻게 해야 할까요? 내가 왜 다 책임을 져? 그런 마음이라면 미용실을 안 하는 게 맞아요. 원장이 된다는 건 나랑 같이 일하는 사람들을 책임지고 성장시킨다는 책임감을 어깨에 딱 올려놓고 끌고 가는 거예요. 그걸 알고 시작하면 원장은 할 만해요. 하지만 막연히 돈을 많이 벌겠다는 마음, 일은 조금만 하면서 편하게 살 거라는 기대를 가지고 미용실을 차리면 여지없이 안 돼요."

원장이 되기 전에 면담을 통해서 원장의 역할과 책임, 자세에 대해 당부하는데 아마 J 원장도 오너가 되기 전, 그 부분에 대해 충분히 고민하고 생각했기에 직원들에게 잘해줬을 거라고 본다. 다행히 직원들과의 마찰은 초기에 해결이 됐고, J 원장의 노력을 보면서 직원들도 마음을 열고 적극적으로 근무해서 1년 만에 3배 이상의 성장을 하게 됐다. 그리고 우리가 인수했을 당시에 근무하고 있던 직원들이 퇴사자 한 명 없이 그 인원 모두 근무를 하고 있다. 또한, 인턴들이 디자이너로 데뷔해 J 원장 포함 다섯 명이던 디자이너가 8명으로 늘었고, 현재 3명이 디자이너 데뷔를 앞두고 있다.

원장의 고객은 직원

처음 원장이 됐을 때 은연중에 나도 그런 마음이 있었다. 힘든 일은 직원에게 시키고 나는 좀 쉽게 가려는 마음이 있었다. 그런데 그런 마음을 접는 계기가 있었다.

지금은 업체를 통해서 홍보 전단지를 배포하지만, 명동 1호점을 오픈했을 당시만 해도 직원들이 직접 거리에 나가는 게 일반적이었다. 우리 살롱뿐만 아니라 다른 살롱들도 마찬가지였다. 출근하는 시민들에게 인사하면서 전단지와 쿠폰을 나눠줬다. 하루는 인형 탈을 만들었다. 인형 탈을 쓰고 전단지를 나눠주면 시선을 더 끌 수 있을 거라는 생각에서였다. 다음 날 아침 인형 탈을 가지고 거리 홍보를 나갈 때 내가 그것을 썼다. 그런데 탈을 썼더니 숨쉬기도 힘들고 땀도 나고 몸이 피곤해졌다. 그래서 둘째 날에는 남자 직원에게 인형 탈을 쓰게 했다. 그리고 나는 사람들 반응을 보려고 멀찍이 떨어져서 지켜봤는데 안 되겠다 싶었다. 탈을 쓰고 전단지를 나눠주는 모습이 짠해 보여서였다. 이렇게까지 할 일인가 싶어서 다음 날부터는 거리에 나가 전단지를 배포하는 홍보를 하지 말자고 했다. 전단지를 나눠주면 받는 사람도 있었지만 출근하느라 바쁘고, 한편으로는 귀찮기도 하니까 받지 않고 지나가는 사람이 많았다. 내가 거절당할 때는 괜찮았지만 지켜보고 있으려니 마음이 좋지 않았다. 전단지를 거절하거나 퉁명스럽게 받아 가는 데도 직원들은 웃으면서 "한 번 오세요", "이철헤어커커 명동 1호점이에요"라며 인사하는데 그 모습이 안쓰러워 보였다. 그래서 만들어놓은 전단지가 매장 한쪽에 쌓여있는데도 거리 홍보를 나가지 말자고 했다. 사실 이른 아침부터 올지, 오지 않을지도 모르는 불특정 다수를 향해 홍보를 해봐야 효과가 크지도 않고 직원들의 감정 소모만 클 뿐이었다. 전단지 1만 장을 뿌리면 올 사람은 그걸 받아본 사람 중 10~20명 정도의 확률에 그쳤다.

"차라리 그런 노력으로 우리 살롱에 방문한 고객에게 더 잘합시다. 입점 고객한테 우리가 한 명씩 가서 인사만 해도 그분 기분이 얼마나 좋겠어요? 방문 확률도 낮은 일에 아침부터 이렇게 힘 빼는 건 아닌 것 같습니다. 내가 이 홍보를 제안했을 때 한다고 해줘서 고맙지만 이건 아닌 것 같습니다. 오는 고객들에게 더 잘합시다."

나는 나의 고객은 우리 직원이라고 생각한다. 살롱을 직접 운영할 때는 살롱 직원들이 고객이었고, 뷰티그룹 더드림아카데미를 만들 뒤로는 그룹 구성원 모두가 고객이라고 생각한다. 그래서 고객을 위한 프로그램보다는 구성원들을 위한 프로그램을 기획하고 운영하고 있다. 고객과의 접점에 있는 디자이너와 인턴의 가치, 수준, 태도를 높게 하는 것, 그게 어떤 마케팅보다 효과가 높다. 고객 관리를 위해 고객에게 제공하는 서비스가 멤버십 제도다. 이것을 수행하는 사람은 직원이다. 직원 교육과 시스템을 통해 디자이너와 인턴의 가치를 높이게 되면 고객들에 대한 서비스의 질도 향상되게 되어 있다. 웃는 얼굴, 건강한 에너지, 매력적인 외향, 품격 있는 표현 등은 반드시 고객 만족도를 높이게 된다. 미용실은 헤어가 상품이 아니라 기술과 서비스를 행하는 직원이 상품이다. 그들이 만들어내는 무형의 가치가 살롱의 매출을 향상시키게 된다. 따라서 우리 더드림아카데미는 복지, 근무 환경, 교육, 성장 프로그램, 문화 등 통해 '상품'으로서의 직원의 가치를 높이기 위한 노력을 하고 있다. 그보다 더 뛰어난 마케팅 효과는 없다고 본다.

우리 살롱에 없는 것, 지적과 비난

지적과 비난은 긍정적인 결과를 가져올 확률보다는 부정적인 결과를 가져올 확률이 훨씬 높다. 인턴이나 디자이너 시절엔 내가 원장이 되면 하지 말아야지 하고 다짐하는 것들이 있다. 나도 있었다. 지적과 비난이었다. 30여 년 전만 해도 인턴에게 존댓말을 쓰지 않는건 보통이었고, 조금만 실수해도 지적과 비난이 바로 날아왔다. 고객이 있건 없건 상관없었다. 그런 날이 반복되면 자존감이 바닥을 치고 고객을 대할 때도 밝고 긍정적인 모습보다는 어둡고 소극적인 태도로 응대하기 쉬웠다. 그래서 내가 원장이 되면 지적과 비난은 삼가야지 하고 다짐하곤 했다. 하지만 어느 날 보니 내가 원장이 되면 저러지 말아야지 했던 말과 행동을 그대로 하고 있었다. 실수하거나 근무 태도가 성실하지 않거나 고객을 적극적으로 챙기지 않을 때 혼내고 지적했다. 교육 차원에서, 너를 위해서, 너 잘되라고 하는 말이라는 이유를 들면서 그렇게 했다.

인간은 인정받고 싶은 욕구가 있다고 했다. 그런데 인정하지는 않고 지적하고 비난만 한다면 그 직원의 자존감은 어떻게 될까? 또 오래 근무할 수 있을까? 이 살롱은 나랑 안 맞아 그러면서 다른 살롱으로 옮겨가거나 미용을 그만둘 수도 있다. 그렇게 나약해서 어떻게 이 업계에서 버티겠냐, 차라리 지금 그만두는 게 더 낫지, 이런 말을 떠나간 직원의 뒷모습에 던지는 오너도 있을지 모른다. 어린싹이 잘 자라서 꽃을 피우고 열매를 맺게 하려면, 새싹일 때 충분한 양분이 필요하다. 살롱에서는 그 양분이 바로 칭찬이다.

더드림아카데미에서의 칭찬은 근무 중에 직원들 간에 수시로 주고받지만, 제도적으로 실시하는 건 두 가지 형태로 진행된다. 평일에 하는 〈좋은 아침 만들기〉에서는 그 전날, 혹은 당일 아침에 봤던 좋은 모습을 떠올리며 직원 중 누구든 호명해서 칭찬한다.

"맑음 선생님! 옷 스타일이 너무 잘 어울려서 칭찬합니다."

"으뜸 님! 오늘 일찍 출근하신 거 칭찬합니다."

토요일에는 그 주에 칭찬할 사람 한 명을 선정해서 집중 칭찬을 한다. 특히 동료와 마찰이 있어서 사이가 좋지 않은 직원이 있을 때 이 칭찬하기를 적극 활용한다. 갈등 관계에 있는 직원 중 한 명을 칭찬 주인공으로 세워서 칭찬하기를 한다. 그러면 갈등을 빚고 있던 다른 직원도 어쩔 수 없이 작은 거라도 찾아서 칭찬해야 하고, 그러고 나면 둘의 불편한 분위기가 조금은 누그러진다.

더드림아카데미에서는 자신이 맡은 역할을 성실히 수행해냈거나 긍정적인 행동을 했을 때도 칭찬하지만 태도의 수정이 필요할 때, 동료들과 갈등을 빚을 때, 파이팅이 필요할 때도 의도적으로 칭찬을 한다. 정리를 정말 못하는 직원인데 어쩌다 한 번, 제대로도 아니고 대충 정리하는 모습을 보게 되면, 다음날 〈좋은 아침 만들기〉 시간에 칭찬한다.

"기쁨 님! 어제 정리정돈을 잘한 것 칭찬합니다. 커트 보를 개켜서 넣는 것을 봤는데 바로 정리하는 모습이 좋았습니다."

한 번으로 습관이 바뀌지는 않겠지만 칭찬받고 나면 다음에 행동할 때 칭찬받았던 것을 의식하게 된다. 그리고 칭찬과 바꾸려는 의지가 반복되면 그것이 습관이 되기도 한다. 칭찬하기는 태도를 개선해야 하는 직원을 변화시키기도 하면서 다른 직원들의 행동도 변화시키게 된다. 칭찬받는 걸 보면서 저렇게 행동하면 인정받는다는 걸 알아차리게 되기 때문이다. 질책이나 비난, 지적을 통해서 개선하는 것보다 행동을 잘하는 사람을 칭찬하면 나비효과처럼 다른 사람에게도 긍정적인 영향을 줘서 살롱 전체가 바뀌는 등 그 효과가 크다.

인사를 잘하자, 회원님 오시면 바로 인사 좀 하자, 밝게 맞아주자, 계속 얘기를 해도 그게 잘 안된 적이 있었다. 그때 인턴 중 Y가 있었는데 목소리도 크고 리액션이 좋고 무엇보다 인사를 잘했다. 그래서 전략적으로 Y를 입구에서 가까운 곳에 배치했다. Y는 고객이 오면 자기 팀 손님이 아닌데도 큰 목소리로 인사했다.

"안녕하세요."

"어서 오세요."

목소리가 클 뿐만 아니라 톤도 밝고 명랑해서 Y가 인사를 하면 그 주변에 있는 직원들은 고객이 들어서는 걸 누구든지 다 알아챘다. 그러면서 함께 인사하기 시작했다. 물론 그동안에 나도, 동료들도 Y에게 "인사 잘해서 좋다, 인사해서 성공할 거다"라는 칭찬을 했다. 실제로 Y는 입사한 지 8년 뒤에 원장으로 성장했다. Y는 원장이 되고 나서도 고객이 찾아오면 누구보다 반갑게 인사하고 솔선수범해서 살롱 분위기를 긍정적으로 이끌어가고 있다.

칭찬은 디테일하게

칭찬은 뭉뚱그려서 하는 것보다는 구체적으로 하는 게 좋다. 그런데 칭찬하는 게 익숙하지 않은 사람에게는 그게 말처럼 쉽지 않다. 성인으로 성장하는 동안 칭찬하는 습관이 몸에 밴 직원들은 살롱에서도 칭찬을 잘한다. 집안 분위기나 관계를 맺었던 사람들이 칭찬에 적극적인 사람이었다면 그들에게 배우거나 영향을 받아서 칭찬하는 게 익숙하다. 하지만 그렇지 않은 사람도 있다. 나만 하더라도 칭찬하는 것에 인색했다. 자라면서 칭찬하는 것을 배우지 못해서였다. 딱히 집에 문제가 있었던 것은 아니고 내가 자란 지역의 특색도 있었을 테고, 부모님도 자신의 감정을 곧잘 표현하는 성향은 아니어서였다.

못하더라도 하면 익숙해지고 반복해서 하다가 보면 칭찬하는 기술도 늘게 된다. 입사 초기에는 칭찬하자고 하면 막연하게 표현한다.

"너무 이뻐서 칭찬 드립니다."

"착하신 거 같습니다."

"좋은 원장님이십니다."

게다가 칭찬하는 목소리나 표정도 성의가 없다. 그런데 매일 하면 칭찬 거리도 잘 찾아내고 칭찬하는 기술도 늘게 된다.

"염색약 채워두신 거 칭찬합니다."

"오늘 아침 음악 선곡을 잘하셔서 문을 열고 들어왔을 때 기분이 좋았습니다."

"출근할 때 출입문을 잡고 기다려주셔서 감사합니다."

칭찬하는 기술이 늘면서 근무 태도가 긍정적으로 바뀌는 직원이 있는가 하면 끝까지 적응하지 못하는 직원도 있다.

지점 원장 중에는 칭찬하기 뿐만 아니라 〈좋은 아침 만들기〉에 회의적인 원장도 있다. 매일 아침 10분 내외로 하는데 그걸 힘들어하는 직원이 있어서다. 직원이 〈좋은 아침 만들기〉를 힘들어하는 이유는 여러 가지다. 하고 싶지 않은 것도 있고, 굳이 할 필요를 못 느껴서일 수도 있다. 커트하고 펌만 잘하면 되지 굳이 이런 것까지 해야 하느냐는 게 그들의 생각이다. 원장 입장에서도 〈좋은 아침 만들기〉를 진행하고 있는데 필요성을 못 느낀 직원들이 건성으로 참여하면 힘이 빠질 수밖에 없다. 나 역시 더드림아카데미 교육장에서 교육을 시작하기에 앞서 〈좋은 아침 만들기〉를 하는데 그럴 때 성의 없이 참여하는 직원을 만나기도 한다. 그럼에도 나는 뚝심 있게 밀고 나간다. 어떤 제도든 분위기든 습관이든 한 번에, 단시간에 정착되지는 않는다. 의심하지 않고 계속하면 어느 순간 그것이 문화가 된다. 그리고 그것에 적응하지 못하는 사람은 떠난다. 대신 이런 문화를 이해하고 수용하는 직원은 남아서 성장을 하게 된다.

얼마 전에 지인에게 이런 얘기를 했더니 적응하지 못하는 사람이 떠나는 건 당연하다, 대신 좋은 사람이 남는 살롱은 있다고 했다. 그 말을 듣고 맞다고 했다. 우리와 방향을 같이하는 사람은 남는 거고, 다르면 자신한테 맞는 곳을 찾아가는 건 당연한 거다. 우리가 추구하는 방향에 동의하는 직원은 적극적으로 활동할 확률이 높고 보다 의욕적이고 긍정적인 태도로 고객들을 응대할 테니 본인의 성장은 물론이고 살롱의 성장까지 담보할 수 있게 된다. 살롱 역시 구성원들을 일방적으로 끌고 가는 게 아니고 목표와 결을 같이하는 사람들과 공동체를 구성하게 되므로 더 활기차고 다양한 시도를 하는 살롱으로 성장할 수 있게 된다. 칭찬하기도 그렇지만 살롱의 좋은 제도가 있고, 구성원을 긍정적으로 성장시킬 수 있는 거라면 오너가 흔들리지 말고 밀고 나가야 한다. 오너가 흔들리면 구성원들도 흔들릴 수밖에 없다.

아끼지 말아야 할 말, 고맙습니다

살롱을 운영할 때 원장과 직원의 관계가 중요하지만, 직원 간의 관계도 중요하다. 더군다나 미용실은 원장-직원으로만 구성되지 않고, 원장-디자이너-인턴으로 구성된다. 특히 디자이너 한 명에 인턴이 여럿 배치되는데 이렇게 팀을 이루는 구성원 간의 팀워크도 매우 중요하다.

어느 조직이나 마찬가지겠지만, 성향이 다른 사람들끼리 생활하다 보면 갈등이 생기게 마련이다. 같은 공간에서 8시간 넘게 매일 얼굴을 마주하는 사람들이 한결같이 정답다면 얼마나 좋겠는가. 그러나 그런 바람과 달리 취향도, 성향도, 살아온 환경도 다른 사람들이 단합하기란 쉽지 않다. 더구나 미용업에 종사하는 사람들은 대개 개성이 매우 강한 사람들이다. 그러다 보니 언제 터질지 모르는 시한폭탄을 안고 있는 분위기가 조성될 때가 많다.

고객이 입점하면 웃으면서 "어서 오세요" 하며 반갑게 맞이하고,

"더우시죠? 시원한 차 한 잔 드릴까요?"라며 친절하게 대하지만 직원들끼리는 돌아서서 인사조차 하지 않을 때가 있다. 아침에 출근해서도 동료들끼리 인사하지 않고 본인 자리에서 고객 맞을 준비만 하기도 한다. 그렇게 나는 나, 너는 너, 이런 식으로 살롱이 돌아가면 사소한 것에서 갈등과 충돌이 생기고, 예기치 않은 사고가 발생하게 될 수 있다. 또한, 고객들도 그런 분위기를 감지하고 발길을 끊게 된다. 행복해지기 위해 살롱을 찾는 건데 굳이 불편한 분위기를 참아가며 시술받고 싶지는 않아서다. 그래서 더드림아카데미는 살롱 구성원 간의 불필요한 갈등을 줄이고 직원들이 유대감을 가지고 근무할 수 있는 분위기를 조성해왔다.

오해를 줄이고 효율성을 높이는 응답하기

더드림아카데미에는 〈성공법칙 7가지〉가 있다. 성공법칙 7가지 중 하나가 '응답하기'다. 응답하기는 리액션으로, 동료 간에 응답하는 거다. 살롱 안에서 관찰해보면 동료 간에 응답하지 않는 경우가 많다. 살롱에서는 디자이너와 인턴이 팀을 이뤄서 근무하는데, 근무 중에 디자이너가 인턴에게 시술 준비를 주문하곤 한다. 디자이너가 "펌 준비해주세요"라고 오더하면 인턴은 파마하기 위한 롯드나 약제를 준비하러 재료실에 가야 한다. 그런데 재밌는 게 "네, 알겠습니다. 준비하겠습니다" 하고 대답하고 가면 되는데 자기 딴에는 빨리 준비하려고 대답을 생략한 채 재료실로 가기도 한다. 그런데 디자이너 입장에서는 커트하면서 오더했기 때문에 인턴이 시술 준비를 하러 가는지 아니면 다른 일을 하러 가는지 알 수가 없다. 어떤 경우는 대답해도 주변의 소음 때문에 전달이 안 될 때도 있다. 그렇다고 바쁘게 돌아가는 살롱에서 일일이 붙잡고 확인을 할 수도 없는 노릇이다. 담당 디자이너는 고객의 머리를 만지면서도 속으로 '내 말을 들은 걸까? 준비하러 간 거 맞나? 아니면 화장실 간 건가?' 그런 생각을 하면서 불안해한다. 그러다가 저쪽 끝에서 인턴이 시술 준비를 마치고 트레이를 밀고 오면 그때야 안심을 한다.

살롱에선 응답으로 인해 생기는 실수와 오해가 많다. 그런 오해들은 살롱의 활기를 다운시키기도 하고, 팀워크에 문제가 생겨 팀이 해체되기도 한다. 또한, 일을 잘하는데도 불구하고 응답을 제대로 하지 않아서 능력을 인정받지 못하기도 한다. 살롱 생활을 하면서 그런 사례를 많이 목격했고, 그걸 보면서 상대방에게 무언가를 부탁받았을 때 정확하게 응답만 해도 불필요한 오해가 생기지 않고 효율이 생긴다는 걸 알게 됐다.

감탄하기나 칭찬하기처럼 응답하는 것도 훈련이 필요하다. 성격 때문에 응답하지 않기도 하지만 같은 공간에서 생활하다 보면 서로에 대해 익숙해지고 친밀해져서 생략되는 게 많아진다. 더구나 고객들에게는 의도적으로라도 노력하는 것에 반해 동료 간에는 표현하지 않기도 한다. 근무하는 동안은 내 맘이 네 맘이라는 생각을 버리고 확실하게 의사를 전달하고, 상대방의 요구에 대한 응답을 정확히 전달해야 한다. 상대방에게 자신의 목소리가 전달되도록 크게 대답하고, 상대방이 자신의 대답을 들었는지 확인할 필요가 있다. 상대방 역시 그 대답을 들으면 확인했다는 의미로 응답하거나 그럴 상황이 아니라면 제스처로라도 사인을 보내야 한다. 그래야 응답하기가 일방통행이 되지 않는다.

살롱의 활력 비타민 감사하기

응답하기와 함께 동료 간에 해야 할 말이 또 있다. 이것 또한 성공하는 7가지 법칙에 들어있는 것으로 '감사하기'다. 서로 친밀해지면 생략하는 게 많아진다고 했는데 감사하다, 고맙다는 표현도 그렇다. 일상적으로 하는 일을 너무나 당연하게 생각하기 때문에 감사하다는 표현을 하지 않고, 또 못한다. 그래서 동료 간에 감사한 마음을 적극적으로 표현할 수 있도록 아카데미 교육할 때 당부한다.

"샴푸 해줘서 고마워."
"바닥 쓸어줘서 고마워."
"밥 잘 먹어줘서 고마워."
"오늘 출근해줘서 고마워."
"아프지 않고 씩씩하게 근무해줘서 고마워."
"웃으면서 근무해줘서 고마워."

우리 일상을 들여다보면 감사할 일이 참 많다. 팀원이 결근하지 않고 출근하는 것도 고마운 일이다. 팀원들이 자기 관리를 잘해서 건강한 것도 감사할 일이다. 덕분에 팀워크를 유지하며 시술할 수 있어서다. 입점하는 고객에게 큰 소리로 인사하는 것도 감사할 일이다. 그로 인해 나의 고객이 기분이 좋아서 추천과 제안에 흔쾌하게 응할 수도 있기 때문이다. 동료가 재빠르게 주변 정리를 잘하는 것도 감사할 일이고, 사용한 도구를 제자리에 가져다 두는 것도 감사할 일이다. 그 덕에 내가 허둥거리지 않고 필요한 도구를 찾을 수 있기 때문이다.

별것 아닌 것 같지만 고맙게 생각하는 일들이 지켜지지 않는다면 팀워크도 깨지고 살롱도 무너질 수 있다. 가까이 있는 동료들과 고맙다는 말을 주고받고, 작은 부분에서도 서로를 배려하면 그 행복감이 고객들한테도 전달된다. 동료와는 갈등을 빚고, 동료들에게는 친절하지 않으면서 고객에게 감정 소비를 해야 하는 일이 매일 반복된다면 얼마나 힘들겠는가.

미용 일을 하다 보면 슬럼프가 오기도 하고 여러 가지 이유로 포기하고 싶을 때가 있다. 그럴 때 나에게 힘이 되어주는 사람은 동료다. 동료들의 위로와 응원이 힘이 되기도 하지만, 동료들이 주고받는 기분 좋은 리액션, 그들이 발산하는 활기찬 에너지, 감탄의 말들, 그런 요소들이 만들어내는 열정의 공간에 소속되어 있으면 거기에 동화되어 다운되었던 기운이 회복되고, 포기할까 싶었던 마음도 도전하고자 하는 방향으로 전환하게 된다. 살롱에서 미용인으로 성장한다는 건 기술의 발전도 있겠지만 나의 성장과 단계, 단계를 지켜보아주는 동료를 얻는 것도 포함되어 있다. 오랫동안 일을 하면 외로운 순간이 온다. 좌절하게 되는 때도 있다. 이럴 때 가족들도 힘이 될 수 있지만, 우리 업계를 잘 아는 동료의 현실적인 조언, 대안 제시, 응원이 훨씬 큰 힘이 된다. 그리고 나를 믿어주는 동료가 있다는 것만으로도 어려운 시기를 헤쳐갈 힘이 된다. 그런 신뢰는 어느 날 갑자기 생기지 않는다. 평범한 일상을 함께 보내면서 쌓이는 거다. 그러한 탑이 무너지지 않도록 완충제 역할을 하는 게 고맙다는 말이다. 살롱을 단순히 일하는 공간이 아니라 열정이 있고, 성취감이 있고, 나의 성장을 담보해주는 장소로 만들어주는 것은 나의 노력, 나의 의지가 가장 크지만, 노력과 의지를 지속하게 해주는 것은 동료들의 격려와 인정이다. 살롱을 위한 나의 노력을 알아주는 동료에게 고맙다, 감사하다는 말을 나부터 아끼지 말아야 할 터이다.

미용인의 자부심, 스타데이

　과거를 돌아보기보다는 앞으로의 일을 계획하고 궁리하는 데 시간을 더 보내는 편이다. 연말에도 마찬가지다. 많은 기업이 한 해를 돌아보며 그 해에 있었던 성과를 기리는 송년회를 가진다. 하지만 더 드림아카데미는 연말의 송년회 대신 연초에 신년회를 개최한다. 살롱 개점 전 오전 7시에 호텔 연회장을 빌려 신년회를 하는데, 참석 대상은 모든 파트너 지점 직원들이다. 한 해 동안 열심히 일한 성과에 대해 시상도 하고 새해에 대한 비전을 제시하고 공유한다.

　신년회와 비슷한 행사로 월초에 진행하는 스타데이가 있다. 스타데이는 헤어디자이너인 스타일리스트들이 모여서 성공 사례를 공유하는 시간이다. 스타데이의 스타는 원래는 별을 뜻하지만, 스타일리스트를 줄인 말이기도 하다. 밝고 긍정적인 뉘앙스를 가지면서 스타라는 말처럼 미용업계에서 스타가 되길 바라는 마음을 담아 네이밍했다. 스타데이에는 더드림아카데미 소속 스타일리스트가 참석한다. 더드림아카데미에서 활동하는 100명 가량의 스타일리스트인 디자이너가 모여 지난달의 성과를 공유한다.

　디자이너로 데뷔해서 월 매출 1,000만 원을 달성하면 신인상을 수여한다. 그다음부터는 300만 원 단위로 점프상, 더블점프상, 트리플점프상, 쿼터점프상, 파이브점프상, 식스점프상을 마련해 그에 따른 보상을 한다. 보상제도를 통해 디자이너들에게 동기를 부여하는 것에는 이유가 있다. 보통 인턴으로 취업해서 디자이너로 데뷔하는 데 걸리는 시간은 평균 2년 정도다. 그런데 디자이너로 활동하게 되면 프리랜서 신분이 되기 때문에 자신의 성과가 수입으로 연결된다. 능력과 매출액에 따라 디자이너 개인의 수입이 달라지는 것이다. 여기서 중요한 것은 그 수입으로 디자이너가 자신의 삶을 영위할 수 있는가 하는 거다. 내가 생각하기에는 최소 300만 원 이상의 수입이 있어야 미용사로서의 삶을 계속할 수 있다고 본다. 그런데 경력이 쌓여도 그 경력이 수입으로 이어지지 않고 시간만 보내는 경우가 많아서 안타깝다. 디자이너가 인센티브로 월 300만 원 이상의 수입을 가져가려면 1,000만 원 정도의 매출을 올려야 한다. 그래서 우리의 첫 번째 목표는 최소 300만 원 이상의 수입을 만들어낼 실력 있는 디자이너로 데뷔시키는 것이다. 그리고 성장하고, 또 성장하여 하이퍼포머가 되고, 성공 사례를 공유할 선배가 되며, 원장과 오너, 리더로 계속 성장케 하려고 한다. 물론 무엇보다 중요한 것은 미용사로서의 기본 능력을 갖추어야 다음 단계로 성장할 수 있다.

일만 해서는 실력이 쌓이지 않아

미용사는 보통 20대부터 30대, 40대까지 왕성한 활동을 하는데 그중에서도 디자이너 데뷔 전후 2년이 가장 중요하다. 미용 인생에서 디자이너 데뷔 전후 2년의 태도와 습관이 미용 인생 30년의 성공을 좌우할 수 있다. 물론 20대와 30대를 어떻게 보내느냐에 따라 40·50대, 60·70대 때까지도 인정받는 스타일리스트로 생활하는 사례도 많다. 다른 직업의 경우 20대와 30대에 경력이 쌓이면 40대, 50대, 60대에도 활발하게 활동할 가능성이 높다. 하지만 미용은 조금 다르다. 왜 그러냐면 경력이 쌓인다고 해서 돈을 많이 벌게 되는 것이 아니라 실력이 쌓여야 가능하기 때문이다. 그런데 문제는 디자이너로 데뷔하고 나면 미용인들은 일을 열심히 하려고 한다. 정확히 표현하면 일만 열심히 하려고 한다. 일을 많이 해서 단기간에 매출을 더 올리려고 하는 것이다. 돈을 벌고 싶은 마음에서다. 그런데 미용은 손님이 찾아줘야 일을 할 수 있다. 손님이 찾아온다는 얘기는 내가 실력이 있다는 얘기이기도 하다. 다시 말해서 실력이 쌓여야 왔던 손님이 다시 오고, 나의 팬이 된다. 그랬을 때 나에게 더 좋은 기회가 생기고 나의 가치를 높일 수가 있다. 그런데 미용사로 데뷔한 이후에는 다수가 실력을 쌓는 일에 시간을 할애하지 않는다. 거기에 쓸 시간에 일을 더 해서 더 많은 돈을 벌려고 한다. 그런 마음 때문에 살롱에 앉아 올지, 안 올지 모르는 손님을 기다린다. 손님을 살롱에 오게 만드는 마케팅을 하기도 하지만 대부분은 막연히 기다리고 있다. 그리고 원장에게 "손님 주세요"라고 한다. 신규 손님이 와야 신입 디자이너에게 배정이 되는데, 경험도, 실력도 많지 않은 신입 디자이너에게는 손님을 만날 기회가 많이 주어지지 않는다.

더드림아카데미는 일만 하는 디자이너에서 벗어날 수 있게 교육기관인 아카데미를 만들어서 실무와 배움을 병행할 수 있게 했다. 아카데미에서 배우고 익힌 지식은 현장에서의 영업에 도움이 되고 있다. 또한, 교육 효과가 디자이너를 성장시키고 있고, 그 성공 사례를 매월 스타데이를 통해 공유하고 있다.

스타데이는 수상자에게 시상을 하고 기념사진을 찍은 뒤 해당 지점 원장이 상을 받은 디자이너를 소개한다. 수상을 한 디자이너가 지난달에 어떤 성과를 냈고, 살롱 안에서의 생활 태도와 영업 방식을 소개하는 것이다. 그런 뒤에 해당 디자이너가 준비해온 PPT 자료를 가지고 자신의 사례를 발표한다. 고마운 이들에 대한 감사 인사와 성공 포인트 등을 소개한다. 성공 사례에는 더드림아카데미에서 추구하는 핵심 가치와 일곱 가지 성공비법, 감탄하기 등을 어떻게 실천했고 그 결과가 어떻게 매출로 이어졌는지에 관한 것이 담겨 있다. 성공 포인트는 나와 아카데미 강사들이 교육을 통해 전달하고, 지점 원장이 늘 강조하는 것들이다. 그래서 동료 디자이너들도 다 아는 얘기다. 그런데도 동료들을 통해 성공 포인트를 들으면 마음이 달라진다. '그래? 그럼, 이번 달에 나도 해봐야지' 하는 마음이 생긴다.

한 디자이너가 이런 말을 한 적이 있다. 신인상을 받고 나서 점프상을 받은 디자이너였다.

"제가 서서 발표하는 이 자리는 마법의 단상입니다. 여기 서서 발표하고, 저의 목표를 얘기하면 그게 이루어집니다. 3개월 전에 신인상을 받고 이 자리에 서서 다음에는 점프상을 달성하겠다고 말씀드렸는데 3개월 만에 점프상을 받아서 지금 이 자리에 또 서게 되었습니다. 이 단상에 올라와서 목표를 이야기하면 그것이 이루어지기 때문에 저는 이 단상을 마법의 단상이라고 부르고 싶습니다."

이런 얘기를 한 디자이너도 있었고, 이 디자이너처럼 자신의 다음 목표를 얘기해서 그것을 달성한 디자이너들도 매우 많다.

사람들은 미용으로 성장하고, 성공하는 데는 남들이 모르는 특별한 방법이 있을 거로 생각하는데 그렇지 않다. 내가 알고 있는 것을 실천하면 된다. 최근에 더블점프상을 받은 B 디자이너가 있다. 다른 살롱에서 디자이너로 데뷔한 후 우리와 함께하고 싶다고 해서 지점 중 한 곳에 합류한 디자이너다. B 디자이너는 입사한 지 3개월 만에 신인상을 받았고, 그 3개월 뒤에는 점프상을 수상했다. 그리고 그후 3개월 만에 또 더블점프상을 수상했다. 그런데 B 디자이너는 다른 살롱에서 인턴 생활을 했기 때문에 D 지점에 입사해서야 더드림아카데미의 살롱 문화 처음으로 접하게 됐다. 하지만 B 디자이너는 긍정적인 생각과 태도, 적극적인 표현과 감탄 등 더드림아카데미만의 문화를 적극 수용하고 실천했다. 또 동료 디자이너가 스타데이에서 상을 받는 것을 보면서 자신도 사람들에게 축하받으면서 상을 받고 싶다는 목표를 가지고 노력했다. 그 노력으로 인해 신인상, 점프상, 더블점프상을 연달아 수상하게 됐다.

〈좋은 아침 만들기〉에서 실천하는 친절하기, 정돈하기, 감탄하기, 프로답기 등의 핵심 가치를 회사 차원에서 아무리 열심히 전달해도 구성원들은 그것을 그다지 중요하지 않게 여기곤 한다. 도덕책에 나오는 말쯤으로 여기는 경우가 많다. 하지만 4대 핵심 가치의 실천을 통해 변화하고 성장하는 동료들의 사례를 접하면 달라진다. 그것이 자신의 삶도 변화시킬 수 있는 가치라는 걸 그때야 비소로 느끼고 실천할 마음을 가지게 된다. 교육에서는 구성원들이 성장할 수 있는 방법을 알려주고, 스타데이와 같은 프로그램에서는 교육에서 알려준 방법이 성장 효과가 있음을 증명해 보이고 있는 셈이다. 그리고 구성원들은 이런 투트랙 시스템을 통해 알고만 있는 사람과 알고 있는 것을 실천하는 사람의 길이 어떻게 달라지는지를 깨닫게 된다.

사람에 투자하라

살롱이 잘 운영되기 위해서는 실력 있는 디자이너가 있어야 하지만 그들과 협력 관계에 있는 인턴의 역할도 중요하다. 대부분 인턴을 채용할 때 일손이 달려서 뽑는다. 그렇게 채용하면 인턴이 해야 할 일을 하기는 한다. 하지만 막상 디자이너로 데뷔시킬 단계가 오면 원장 입장에서 망설여지는 일도 있다. 인턴으로 채용할 당시에도 디자이너까지는 좀 어렵겠다 싶으면서도 당장 일할 사람이 필요해서 뽑았기 때문이다. 일만 할 사람을 뽑으면 태도도 그렇고, 사람을 상대로 하는 미용을 하기에는 성향이 맞지 않을 수도 있다. 그리고 무엇보다 일을 시킬 목적으로 채용했기 때문에 일만 시켰을 수 있다. 그래서 경력은 쌓았을지 모르지만, 실력은 늘지 않았을 수 있다.

인턴은 살롱의 미래 자원이다. 인턴들이 디자이너로 데뷔해서 스타일리스트로 성장해야 살롱도 지속적으로 발전할 수가 있다. 인턴 시절부터 근무한 디자이너들은 그 살롱의 문화와 시스템에 최적화되어 있어서 오너가 지향하는 바를 잘 파악하고, 거기에 맞춰 활동하게 된다. 서로를 맞추느라 에너지를 낭비할 필요도 없고 업무 효율성도 제고된다. 그래서 나는 지점 원장들에게 이 부분을 강조한다. 인턴 면접을 볼 때 일하는 사람을 뽑지 말라고.

"지금 당장 일할 사람을 뽑지 말고 디자이너로 성장시킬 수 있는 친구를 찾아야 합니다. 디자이너로 성장시키고 싶은지, 디자이너로 데뷔시키면 미용사로서 잘할 수 있는 사람인지를 보고 판단하세요. 일만 하는 사람이 아니라 디자이너로서의 성장까지 염두에 두어야 하고, 채용한 뒤에는 일만 시킬 것이 아니라 실력을 키울 기회도 제공해야 합니다."

현재 내가 가장 많은 시간을 할애해서 하는 일은 더드림아카데미 소속 모든 지점 직원의 성장을 위한 교육을 기획하는 것이다. 어떤 내용으로 어떻게 교육하고, 미용계 변화에 발맞춰 무엇을 어떻게 준비할지를 매년, 분기마다 파악해서 구성원들에게 방향성을 제시하는 일을 하고 있다. 디자이너별, 인턴별 리스트를 작성해두고, 그 리스트를 보면서 비슷한 성장 과정에 있는 이들을 그룹으로 묶어서 교육 내용을 계획한다. 그리고 계획한 과정이 끝나면 다음 단계에서 필요한 교육을 또 받게 한다. 이때 가장 중요한 것은 구성원 개인의 특성을 파악해 그것에 맞게 기술과 태도·표현, 경영에 관련된 교육을 제공하는 것이다. 직원들이 슬럼프에 빠지기 전에 교육을 통해 보완해야 할 부분을 재교육하기 때문에 그만큼 생산성이 높다.

미용업계에서 종사하는 분들, 특히 살롱을 운영하는 오너들이 그런 얘기를 많이 한다. 사람을 키워놨는데 그만두고 나가면 그동안 했던 노력이 뭐가 되느냐고. 인재 양성 후 직원이 회사를 그만두는 일은 미용업뿐만 아니라 다른 업종도 마찬가지다. 분명한 사실은 그만두는 사람들이 있어도 우리 회사에는 아직 좋은 직원들이 많이 남아 있다는 것이다. 그리고 그만두는 사람이 있으면 또 좋은 사람과 함께할 기회가 생기기도 한다. 설령 그만두는 직원이 있다고 하더라도 나는 인재 양성을 위한 노력이 헛되지 않다고 본다. 우리 살롱에서는 근무하지 않더라도 여기서 제대로 배웠기 때문에 다른 곳으로 가서도 그걸 토대로 일을 잘하게 될 테니까 말이다. 그러면 미용업계에 좋은 인재가 많아져 업계 발전도 이루어질 거라 생각한다.

해외 연수는 보상이 아니라 투자

우리 회사는 직원이 디자이너로 데뷔하면 해외 연수를 보내준다. 디자이너에게 데뷔 후 6개월이 가장 힘들다. 매출을 올려야 하는 책임도 생기고, 시술한 스타일에 대한 고객들 반응도 살펴야 해서 어느 때보다 정신적으로 힘든 시간을 보내게 된다. 기술이 숙련되지 못한 상태에서 시술 결과를 책임을 져야 하는데 그 중압감을 견디지 못하고 많은 디자이너가 신입 디자이너 단계에서 포기를 한다. 그래서 더드림아카데미는 직원이 디자이너로 데뷔하면 6개월이 지난 시점에 해외 연수를 보낸다. 대개 해외 연수를 프로모션이나 근무 성과에 대한 보상 차원에서 보내는데 우리는 투자 개념으로 연수를 보낸다. 업무에서 벗어나 즐겁게 시간을 보낸 후 재충전해서 앞으로도 더 성장하기를 바라는 마음에서다. 그게 연수를 보내는 첫 번째 목적이고 두 번째 목적은 경험을 쌓을 기회를 제공하기 위해서다. 디자이너로 데뷔하는 시기가 보통 20대 초반이다. 학교를 졸업하고 바로 미용을 시작했을 나이라 다양한 문화를 누릴만한 시간적인 여유가 없었을 거다. 그와 달리 디자이너가 상대하는 고객들은 나이, 직업, 경제적 조건 등이 다양하고 문화적 경험이 풍부한 고객도 많다. 그런 고객들과 소통하려면 디자이너들도 다방면의 경험이 있으면 도움이 된다. 고객들과 소통할 때 자기 경험을 얘기하고 고객의 이야기에 공감할 수 있어서 자신감 있게 고객을 대하게 된다. 그래서 우리는 디자이너에게 자부심을 갖게 하려고 숙박 장소나 식사를 최고 등급으로 제공하고 연수 동안에 체험할 프로그램도 최상위 클래스로 맞춰준다. 디자이너들에게 만족감을 주는 동시에 고객과 대화할 때 꽤 수준 있는 휴양문화를 접했다는 걸 드러낼 수 있게 하려는 의도에서다. 그러면 고객들도 수준 있는 디자이너에게 시술받고 있다는 걸 느끼기도 할 것이다.

2023년부터는 해외 연수 대상자를 더드림아카데미 소속 모든 디자이너로 확대했다. 데뷔했음에도 불구하고 코로나로 인해 3년 동안 해외 연수 기회를 얻지 못한 디자이너들을 포함하기 위해서다. 또 외부에서 영입한 디자이너에게도 연수 기회를 주고 싶었고, 그러다 보니 기왕이면 소속 디자이너 모두에게 연수 기회를 주기로 했다. 연수 대상지는 일본으로, 동경에 있는 헤어살롱을 견학하고, 일본 현지 문화를 체험하게 된다. 일본의 헤어트렌드 경향을 살펴보고 그걸 우리 살롱에서 접목할 방법을 함께 모색하는 시간도 가질 예정이다.

2023년 초에 파트너 살롱 원장들과의 회의에서 이런 방식의 연수를 제안했고 원장들이 모두 동의했다. 전체가 한꺼번에 움직이기는 어렵고 순차적으로 돌아가면서 매월 일정 인원이 연수에 참가하게 되는데 비용을 디자이너가 소속되어 있는 살롱에서 전액 부담하는 거라 원장들 동의 없이 할 수 있는 일이 아니었다. 물론 연수 다녀와서 그만두는 디자이너가 있을 수 있지 않겠냐고 우려하는 의견도 있었다. 하지만 이번에도 나의 입장은 같았다.

"연수만 다녀오고 그만두는 디자이너도 있을 수 있겠죠. 그것도 인정합시다. 반면 다녀와서 더 좋은 효과를 내는 디자이너도 있을 겁니다. 그러니 투자라고 생각하고 모든 디자이너가 연수에 참여할 수 있게 합시다."

어차피 파트너 지점이 나와 해당 살롱 원장의 공동 투자로 운영되기 때문에 누구보다 나의 부담이 가장 크다. 그래도 나는 이런 방식으로 연수를 추진하는 게 바람직하다고 생각한다. 이렇게 퍼주는 식으로 해외 연수를 하고, 교육에 투자하면 남는 게 없지 않겠냐고 염려하는 사람이 있을 수 있지만 이렇게 하고도 이익이 날 수 있는 회사를 만들고 싶다. 그리고 그동안의 선례를 봤을 때 더 좋은 성과가 있다는 걸 확신할 수 있다. 그래서 올해도 투자 차원에서 모든 디자이너의 해외 연수를 추진하게 됐다. 회사가 성장하면 그 성과를 경영진 혼자 독식하는 게 아니라 회사 구성원과 함께 나눠야 하고 이런 식으로 환원하는 게 맞다고 본다.

성공비법은 '사람이 먼저'

미용인으로 성공했다고 생각하느냐는 질문을 받으면 잠시 고민하게 된다. 무일푼으로 시작해서 지금은 어떤 것을 사거나 먹을 때 가격을 고민하지 않으니까, 그것이 성공이라면 성공이라고 볼 수는 있다. 내가 대표로 있는 더드림아카데미는 파트너 살롱이 10개 점이고, 소속되어 있는 구성원은 130명가량이다. 거기다 연 매출을 100억 원 가까이 달성한 적도 있어서 스스로 생각하기에 이만하면 성공했다고 볼 수도 있다. 하지만 나는 성공이라는 말보다는 성장이라는 단어를 더 좋아한다. 성공은 완성형이면서 종착점이지만 성장은 지속적이기 때문이다. 그래서 누군가 성공했냐고 물어보면 이렇게 대답한다.

"네, 성공했습니다. 그렇지만 앞으로도 계속 성장하는 단계에 있습니다."

물론 내가 미용을 처음 시작할 때 원했던 만큼은 성공한 것 같다. 부모님께 집도 사드리고, 우리 가족이 기거할 집이 있고, 회사도 있고, 또 나랑 함께하는 동료들도 많이 있으니까. 무엇보다 좋은 것은 지금까지의 성과를 기반으로 앞으로 내가 계속 도전해 할 수 있는 영역이 많이 생기고 있다는 점이다.

여기까지 오는 동안 어려움도 있었다. 그런데 그 어려웠던 경험들이 나를 성장케 했다. 성장한다는 건 평온할 때는 잘 느낄 수 없다. 어떤 이슈가 생겼을 때 그것을 어떻게 해결하는가, 어떻게 헤쳐나가는가에 따라서 그걸 넘어섰을 때 성장해있는 나를 발견하곤 한다. 그래서 문제가 생겼을 때 힘들어하다가도 이걸 성장의 기회로 삼자, 더 도약할 기회로 생각하자며 자신을 다독이고는 했다.

서운한 마음보다는 응원을 보내

어려움이 닥쳤을 때 가장 중요한 것은 관점이었다. 동전의 양면처럼 어떤 것을 볼 것이냐에 따라 나의 태도도 달라졌다. 코로나의 경우도 코로나가 왔을 때 무엇을 볼 것인지에 따라 나의 행동도 달라졌다. '코로나 때문에 아무것도 못 해, 코로나 때문에 사람들이 살롱에 오질 않아' 이렇게 생각하다가 '코로나 덕분에 거리가 깨끗해졌어, 코로나 덕분에 거리가 한산해서 고객들이 살롱을 찾아올 때 안전하게 올 수 있겠구나'라고 긍정적인 면을 보았더니 긍정적인 생각들이 돌파구가 되어주었다. 동료들도 마찬가지였다. 코로나 때문이 아니라 코로나 덕분으로 인식을 바꾸게 하자 행동에 적극성을 띠었다.

나는 사람을 성장시킬 때도 관점을 달리했다. 인턴으로 입사한 친구를 잘 성장시켜서 실력 있는 디자이너로 만들면 실력이나 매출에서 정점에 있을 때 그만두는 직원들이 생겼다. 그리고 그 디자이너를 따라 고객들이 빠져나가기도 했다. 하지만 나는 공들여 성장시킨 디자이너와 계약 해지하는 상황이 오면 잘잘못을 따지기보다는 최대한 서로의 명예를 지켜주는 아름다운 마무리를 하려고 노력했다. 또 서로 응원해줄 수 있는 관계가 되려고 했다. 그럼에도 불구하고 사람인지라 서운함도 있었고 종종 마음의 상처들도 남았다. 오랜 시간 함께 생활하고 잘해준 직원일수록 그런 마음이 더 했다. 어쩌면 그 직원도 마찬가지였을 것이다. 나는 알지 못하는 그 직원만의 어려움을 있었을 테고, 아쉽고 미안한 마음이야 있지만 지금이 자신이 더 성장할 기회라고 판단했을 수 있었을 것이다. 그래서 직원들이 그만둘 때 안 좋은 것보다 좋은 것을 보려고 노력해왔다. 그랬더니 헤어질 때도 직원의 성장을 응원하며 보낼 수 있었고, 응원하는 쪽으로 관점을 바꾸니 마음도 편해졌다. 그리고 시간이 지나면 그만두었던 직원이 다시 우리 살롱으로 돌아오기도 했다.

　동료 디자이너가 그만두면 남아있는 직원들도 동요할 수밖에 없다. 그런데 서운함은 서운함이고 동료 디자이너들에게는 기회가 되는 일이기도 했다. 그만둔 디자이너가 담당하던 고객들이 다른 디자이너에게 시술받아야 하는 상황이 생기니까. 그걸 기회로 생각하면 남아있는 디자이너들한테 좋은 일이기도 했다. 새로운 고객 한 명을 만드는 게 어려운 일인데 우리 살롱에 계속 오던 고객이 자신에게 오는 거기 때문이다. 물론 그 상황을 바라보는 관점에도 두 가지가 있다. 어떤 디자이너는 이걸 기회로 삼아서 그 고객을 자신의 손님으로 만들겠다고 긍정적으로 생각하기도 하지만, 다른 디자이너는 불편하게 여기기도 한다. 그전에 담당했던 디자이너랑 기술적인 측면에서 차이가 날까 걱정이 되어서다. 이 두 가지 경우만 보더라도 긍정적인 면을 보고 적극적으로 움직이는 사람은 성공하는 쪽으로 가게 되어 있다.

디자이너의 품격이 고객에게 가장 큰 서비스

나는 살롱은 미용인들이 살아가는 공간이면서 살아있는 공간이라고 생각한다. 그 안에서 생활하는 구성원들이 어떤 마인드, 어떤 태도로 일을 하느냐에 따라 살롱도 활기가 돌고 생물체처럼 성장하고 진화해간다. 직원들이 품위가 있으면 공간도 거기에 맞는 격을 갖추게 된다. 그리고 그 격을 갖추는 것이 살롱을 찾는 고객들에 대한 예의다.

미용인의 가치가 높아질수록 자신을 찾아주는 고객들에게 품격 있는 서비스를 제공할 수 있다. 그래서 더드림아카데미는 새로운 살롱을 오픈하거나 기존의 살롱을 리뉴얼할 때 품격 있는 디자이너를 품을 수 있는 환경을 고민한다. 우리나라 살롱은 외국의 살롱보다 인테리어에서 공을 많이 들인다. 그래서 일본이나 유럽의 여느 살롱보다 인테리어가 세련되고 감각적이다. 더드림아카데미는 입점하는 고객들의 시각적인 만족을 위해 이런 환경을 만들기도 하지만, 무엇보다 살롱에서 생활하는 구성원들을 염두에 두고 인테리어에 상당히 노력을 기울이는 편이다. 보통 집이 편안하면 밖에 나가는 것보다 집에 머물고 싶어지듯이 살롱도 똑같다. 살롱 인테리어가 근사하면 아침에 출근할 때 살롱 문을 여는 시간이 보다 즐거울 수 있다. 또 그런 곳에서 근무한다는 자부심도 생길 테고. 대기업이나 괜찮은 회사들이 빌딩을 지어서 넓은 공간을 확보하고 내부 시설을 꾸미는 데 많은 비용을 투자하고, 풍광이 좋은 곳에 사무실을 내는 이유도 마찬가지일 것이다. 그 안에서 생활하는 직원들의 만족도를 높이기 위해서다. 그래서 우리는 될 수 있으면 공간을 잘 꾸미고 가꾸려고 노력한다. 구성원들에게 좋은 환경을 제공해서 좋은 환경에서 생활할 수 있게 만드는 것 또한 하나의 복지라고 생각하기 때문이다.

그래서 최근에 새로 단장한 잠실의 R 지점도 그런 부분을 염두에 두었다. 특히 R 지점은 구성원 수가 모두 20명으로, 구성원들이 한 명 한 명 전문가답고 수익률도 매우 좋았다. 그런 만큼 이들에게 큰 무대를 만들어주고 싶었다. 자신들의 기량을 맘껏 펼칠 수 있게 크고 좋은 공간을 제공하고 싶어서 리뉴얼을 결정했다. 성실하게 열정적으로 활동한 만큼 거기에 맞는 환경을 제공한다는 게 나의 경영 방침이다. 좋은 사람들이 좋은 환경에서 자신의 꿈을 펼칠 수 있도록 하고 싶고, 그런 환경을 제공해왔다. 특히 외부에서 인재를 영입하기보다는 내부의 사람을 인재로 키우는 것에 집중해왔다. 그래서 살롱수가 많지 않을 때부터 내부에 아카데미를 두고 태도와 표현, 테크닉과 관련한 교육을 해왔다. 사람으로 인해 시련도 있었고, 상처도 있었지만 나는 늘 사람이 먼저라는 생각하고 있다. 그 생각은 지금도 변함이 없고 내가 성공할 수 있는 비법도 결국은 사람이었다. 사람을 신뢰하고, 성장시키고, 나와 같은 길을 걸어가는 동료로 만들었던 것이 더드림아카데미와 나를 계속 성장하게 하고 있다.

미용인들의 가치를 높이려는 노력

교육할 때면 태도와 표현을 강조하고 그걸 통해서 자기 가치를 높여야 한다고 얘기하곤 했다. 미용인이 자기 가치를 높이는 것, 그것이 미용인으로서 품격을 갖는 거라고 봤다. 미용은 아름다움을 추구하는 직업이지만 우리나라에서는 오랫동안 제대로 된 대접을 받지 못했다.

나는 교육을 하면서 미용하는 친구들의 성장이 더드림아카데미의 성장이 된다고 생각했다. 그리고 우리의 성장에서 그치는 것이 아니라 교육을 통해 미용인에 대한 사회적 가치, 미용인을 바라보는 사회적인 인식을 높이고 싶었다. 나 혼자만 성장하는 것이 아니라 우리 직업에 대한 수준을 높여야 사람들로부터 미용인들이 인정받을 수 있다고 믿었다. 그러려면 기술은 물론이고 미용하는 사람들의 긍정적인 태도, 성품, 표현 등이 있어야 인간적인 매력을 어필하고, 이미지를 제고하고, 또 우리가 안정적으로 삶을 영위할 수 있다는 걸 미용을 하면서 크게 느꼈다. 돈을 버는 것과 하나의 직업인으로 인정을 받는 것과는 자부심이 달랐다.

그래도 요즘은 미용인에 대한 시선이 많이 달라진 걸 느낀다. 예전에는 어떤 직업에 종사하느냐는 질문에 미용한다고 하면 상대방 반응이 그다지 우호적이지 않았다. 미용업이 전문직인데도 불구하고 그동안 우리 사회에서 부정적인 이미지로 비치는 것도 있었다. 드라마나 영화 같은 매체에서 미용인을 다룰 때도 그랬다. 그걸 보면서 우리가 생활을 더 잘해야겠다고 생각했고, 미용인이 괜찮은 직업으로 인식되도록 노력하겠다고 마음먹었다. 기술자가 아니라 전문인으로 인정받게 하고 싶었던 거다. 그러자면 미용인들이 자신의 가치를 높이려는 노력이 필요했다. 기술만 갈고닦을 것이 아니라 전문인으로서의 소양도 갖추어야 했다. 그래서 나는 더드림아카데미 구성원들의 교육에 힘썼고 우리들의 생활 공간인 살롱의 환경을 밝고 쾌적하게 하는 데도 신경을 썼다. 미용인으로서의 자긍심을 갖는 데 좋은 요소로 작용할 수 있도록.

나와 같은 인식을 가진 미용인들이 많아져서 그동안 미용 환경에도 긍정적인 변화들이 있었다. 체계적인 교육을 제공할 수 있는 아카데미를 만들고, 살롱 시스템을 도입하고, 구성원들의 처우를 좋게 하는 일에 관심을 쏟는 미용 경영인들이 많아졌다. 그러한 노력 덕에 고객들이 좋은 환경에서 질 좋은 서비스를 받게 되면서 미용인에 대한 인식도 달라졌다. 고객들은 물론이고 다른 직군의 경영자들을 만났을 때도 그 반응이 달랐다. 몇십 년 전과 달리 환대하는 뉘앙스를 느낄 수 있었다.

아름다움을 창조하는 산업

우리 파트너 살롱은 디자이너로 데뷔하게 되면 데뷔식을 해주는 데 그 자리에 주인공 디자이너의 부모님을 초청한다. 데뷔식을 제도로 도입한 건 아닌데 한두 번 살롱 차원에서 자발적으로 해주다가 어느 시기부터 당연히 하는 것으로 정착이 됐다. 얼마 전에도 살롱 한 곳에서 데뷔식이 있었는데 디자이너의 고향인 대전에서 부모님이 오셨다. 데뷔식은 근무하는 모습을 촬영한 사진으로 만든 영상을 함께 보고, 동료들의 축하 인사도 듣고, 디자이너로 데뷔하기 위해 그동안 어떤 노력을 했고, 앞으로 달성하고 싶은 목표로 어떤 것이 있고, 그것을 달성하기 위해 어떻게 활동할 것인지에 대한 포부를 밝히는 등의 내용으로 진행됐다. 디자이너로 데뷔한 자녀의 동료들과 함께 그 모습을 지켜보던 부모님은 내내 흐뭇한 표정을 지었다. 그 풍경을 바라보는 나 또한 기분이 좋고 뿌듯했다.

예전에는 미용하지 말라고 반대하는 부모님들이 많았는데 지금은 나서서 권장하기도 하고 디자이너로 성공할 수 있게 지원하는 분들도 있다. 이번처럼 자기 자녀가 디자이너로 데뷔하는 자리에 참석해 함께 기뻐하고 축하하는 모습을 볼 때면 미용을 바라보는 사회적 시선이 성숙했음을 느낀다. 어떤 직업이든 해당 분야가 발전할 수 있도록 애썼겠지만 미용 산업도 앞서서 활동했던 분들이 개척한 공로 덕에 제도와 문화가 이만큼 발전했고 미용에 대한 인식도 좋아졌다고 본다. 앞으로도 미용이라는 분야가 전문 분야로, 아름다움을 창조하는 산업으로 인정받으려면 미용인들이 자신을 더 개발할 필요가 있다. 단지 돈을 잘 벌기 위한 직업인으로서가 아니라 미용인이라는 자부심을 느끼고 활동하려면 자신의 가치를 높이는 일에도 힘써야 한다. 긍정적인 생각, 인문학적 소양, 바른 태도와 표현 등을 공부하고 훈련해서 미용 문화가 성숙하고 발전되는 데 일조해야 한다. 그래야 미용업이 발전하고 그 안에서 일하는 나 또한 지속 성장할 수 있다.

4장

변화의 시작은
나부터

성공의 첫걸음은 주변 정리부터

어려서부터 나는 어지르기만 하고 정돈하는 걸 어려워했다. 그래서 살롱에서 일할 때 불편했다. 사용하고 나서 분명히 어딘가에 도구를 놔뒀는데 다시 쓰려고 보면 보이지 않을 때가 많았다. 찾느라 시간은 가고, 고객은 시술하기를 기다리고 있고. 물건을 찾지 못해서 나한테 짜증이 난 건데 어떤 날은 그 화살이 인턴에게 향하기도 했다. 내가 정리 못 하면 너라도 했어야지 하는 식이었다.

미국의 해군 제독이었던 윌리엄 맥레이든 대장은 퇴임사에서 "매일 아침 자신이 자고 일어난 잠자리를 정리해라. 그건 그날 해야 할 첫 번째 과업을 달성했다는 걸 의미한다"라는 말을 했다고 한다. 이 말엔 잠자리를 정리하는 것과 같은 사소한 일을 성실히 해내면 그런 습관들이 모여 큰일을 할 수 있게 된다는 뜻이 담겨 있다. 윌리엄 맥레이든 대장의 말이 아니더라도 성공한 사람들의 습관을 보면 정리정돈을 잘하는 사람들이 많다. 정리정돈을 잘한다는 건 자기 관리를 잘한다는 걸 의미하기도 한다. 정리정돈을 하면 자신에 관한 것들을 한눈에 파악하게 되고, 그걸 통해 자신의 생활 패턴을 돌아볼 수도 있게 된다. 물건도, 시간도, 불필요한 것들에 에너지를 허비하고 있는 건 아닌지 돌아보면서, 필요한 것만 남기고, 중요한 것에 열중하게 된다.

업무의 효율성을 높이는 정돈하기

더드림아카데미에는 4대 핵심 가치가 있다. 친절하기, 정돈하기, 감탄하기, 프로답기다. 사람은 어떤 것을 배워도 금방 잊어버리곤 한다. 몸에 배거나 습관이 들지 않으면 해야 할 것을 자주 망각하게 되는 것이다. 새로운 구성원이 입사하면 살롱 생활에 필요한 항목들을 안내하지만 그걸 습관적으로 해낼 수 있게 되기 전까지는 자주 잊어버린다. 그렇다고 잊어버릴 때마다 잔소리하면 의기소침해지고 일할 의욕도 저하된다. 그래서 더드림아카데미는 살롱이 제대로 운영되도록 구성원들이 반드시 갖춰야 할 실천 덕목을 4대 핵심 가치로 정하고, 일주일 동안 그중 하나를 집중해서 실천하도록 하고 있다.

정돈하기도 4대 핵심 가치 중 하나다. 정돈하기는 고객들에 대한 서비스가 이뤄지는 공간인 동시에 구성원들의 생활 공간인 살롱의 환경을 청결하게 하고, 자주 사용하는 도구와 재료를 제자리에 놓도록 하는 데 목적이 있다. 청소를 통해 살롱의 청결한 환경을 유지하고, 필요한 것과 필요 없는 것을 구분하여 버릴 것은 버리고 사용할 것만 제자리에 정리해두게 한다. 사소한 것이지만 이것이 매일, 수시로 이뤄지지 않으면 날을 잡아서 구성원 모두가 나서서 해결해야 할 만큼 큰 품이 들어가는 일이 되어버린다.

게다가 살롱에서 일어나는 갈등 요소 중에는 정리정돈으로 인한 것이 많다. 여러 사람이 함께 생활하는 곳이라서 누군가 애써 정리하지 않으면 있어야 할 물건이 제자리에 없는 경우가 많다. 정리정돈을 잘하는 사람이 있는가 하면 어떤 사람은 지저분해도 불편함을 못 느끼기도 한다. 그러다 보면 종종 그걸로 인한 스트레스와 갈등이 생기곤 한다. 사소한 일이 구성원들의 관계를 불편하게 만드는 것이다.

"커트했으면 커트 보를 개서 넣어야지 너는 왜 둘둘 말아서 넣어? 머리카락을 털고 난 뒤에 두 번만 접어서 서랍에 넣으면 되는데 그게 어렵니?"

"염색약이 이만큼이나 남았는데 왜 계속 새것만 꺼내서 쓰세요? 누구는 만날 남아있는 거 쓰고 누구는 늘 새것만 꺼내서 쓰는 거 좀 불공평하지 않아요?"

"드라이기를 썼으면 거치대에 꽂아두어야지 왜 아무 데나 내팽개쳐 두는 거니?"

고객이 가고 나면 고객이 보던 잡지는 제자리에 두어야 하고, 쓰레기통은 있어야 할 자리에 놔둬야 하고, 염색약도 사용하던 걸 확인하고 약제가 남아있으면 그걸 사용해야 한다. 그래야 다른 사람에게 불편을 끼치지 않고 살롱이 매끄럽게 운영된다.

정리정돈은 청결과 구성원의 갈등을 예방하기 위해서도 필요하지만, 업무의 효율성 측면에서도 중요하다. 살롱의 재료와 도구 중에는 매일 사용하는 것들도 있지만 자주 쓰지 않는 물건들도 있다. 그런데 이런 도구들이 뒤엉켜 있으면 필요한 것을 찾느라 시간을 소모하게 된다. 때문에 자주 쓰지 않은 것은 수납장 안쪽이나 손에 닿지 않는 곳에 두고, 자주 사용하는 것은 수납장 바깥쪽에 배치해두어 손쉽게 꺼내어 쓸 수 있게 해야 한다. 그래야 사용할 때 불편하지 않고, 필요한 것을 즉시 찾아내어 고객의 요구에 바로 응대할 수 있어 업무 효율성을 높일 수 있다.

정리정돈은 공간의 주인이 나라는 주체적인 생각

정리정돈은 구성원들이 함께 공간을 꾸려나간다는 점에서 의미가 있다. 정리정돈을 한다는 건 그 공간의 주인이 나라는 주체적인 생각에서 비롯된다. 구성원 모두가 이 공간의 주체는 나라는 생각으로 살롱을 깨끗하고 깔끔하게, 감각적으로 정돈할 필요가 있다. 그래야 불필요한 스트레스를 줄이고 갈등을 방지할 수 있다. 정리정돈은 살롱 생활에서 가장 기본이 되는 일인데 그것을 해야 한다는 사실을 잊어버리기 쉽다. 더군다나 고객들로부터 요구받는 게 "커트해주세요, 파마해주세요, 컬러는 이렇게 해주세요"와 같은 것들이라 그것에 집중해야 한다. 그래서 성공과는 직접적인 관련이 없다고 여겨지는 정돈하기 같은 기본적인 태도는 중요하지 않게 인식되고 실천에 게 으르게 된다. 따라서 성장하기 위해서는 기본적인 습관을 잘 지키는 일이 중요하다는 사실을 일깨워줘야 한다. 인간의 속성 중 하나가 망각이기 때문에 자주 잊어버리는 습관에 대해 잔소리하기보다는 그것을 상기하고 실천할 수 있는 제도를 만들어두면 좋다.

정리정돈을 하는 습관은 인턴 때부터 훈련되어 있어야 그것이 체화되어 누가 시키지 않아도 실천하게 된다. 또한, 습관이 되어 있어야 인턴에서 디자이너가 되고, 디자이너에서 살롱을 운영하는 오너가 됐을 때 구성원들에게 정리정돈의 중요성을 알려주고 효과적으로 살롱을 이끌어갈 수 있다.

성공한 사람이 되려면 자기 관리를 잘해야 한다. 자기 관리를 잘하기 위해서는 사소한 것을 놓쳐서는 안 된다. 사소한 것 하나가 흐트러지면 실수를 하게 되고 그 실수가 반복되면 그것이 몰고 올 파장이 커지기 때문이다. 미용인에게 자기 관리는 자신이 활동하는 장소인 살롱을 잘 관리하는 것도 포함된다. 더군다나 고객에게는 살롱의 이미지가 살롱 오너, 거기 소속된 디자이너와 인턴의 이미지가 되기도 한다. 자신이 고객에게 깔끔하고 매력적인 이미지로 떠올려지길 바란다면 지금 주변 정돈부터 하길 바란다.

1등 살롱 만들기

1등 살롱 만들기는 구호다. 절대적인 1등이 되겠다는 것이 아니라 1등을 추구하는 정신으로 1등 살롱을 만들겠다는 의지다. 그런데 신기하게도 그런 의지로 살롱을 만들어가면 1등이 되기도 한다.

처음으로 오픈한 살롱이 명동에 있었다. 기존에 있던 살롱을 인수한 것인데 매장이 아주 작았다. 위치도 좋지 않았다. 사람들 왕래가 뜸한 뒷골목이라 접근성도 떨어졌다. 있는 돈 없는 돈 끌어모아서 인수했기 때문에 인테리어에 투자할 만한 돈도 없었다. 명동에 있는 경쟁 미용실들과 비교했을 때 규모나 시설, 위치, 환경, 인테리어 등이 거의 꼴등 수준이었다. 경쟁 자체가 안 되는 상황이었다. 우리가 다른 미용실과 여러 면에서 경쟁이 안 된다는 건 함께하는 직원들도 다 아는 사실이었다. 그렇다고 조건을 탓하고 있을 수만은 없었다. 악조건을 타개할 방법을 모색했다. 이런 상황에도 불구하고 우리 살롱은 이런 것에서만큼은 명동 최고라고 내세울 수 있고, 그래서 우리 살롱에 대한 자부심을 가질 수 있는 어떤 가치를 만들어야겠다고 생각했다.

살롱을 운영하다 보면 정면 대응해야 할 때도 있지만 정면 대응
으로는 해결되지 않을 때가 있다. 그럴 때 나는 발상을 전환하는 방
식으로 해결 방법을 찾아왔다. 그렇게 해서도 실패할 때가 있지만 거
기서 오는 경험 또한 나에게는 자산이므로 실패를 두려워하지만은
않았다. 대신 발상을 전환하거나 관점을 달리하여 일을 추진했을 때
성공할 확률이 더 높았다. 명동 1호점을 인수하고 경쟁력이 약해서
그것을 타개할 방법을 찾을 때도 나는 무리해서 외형적인 변화에 투
자하기보다는 발상을 전환하는 방법을 선택했다. '1등 살롱 만들기'
도 그런 발상에서 시작하게 됐다.

발상의 전환으로 '1등 미용실'을 만들어

보통 "우리가 1등 미용실이야"라고 얘기하면 그것을 들은 사람은
규모부터 생각할 것이다. 그리고 나서는 세계에서 1등인지, 대한민국
에서 1등인지, 아니면 서울에서 혹은 명동에서인지를 궁금해할 것이
다. 나는 우선 명동에서 1등을 하기로 했다. 그러면 뭐로? 사이즈로
는 경쟁이 안 되고, 인력? 그것도 안 되고, 가격? 그것으로도 경쟁에
서 이길 수 없고 1등을 할 수 없었다. 그래서 먼저 시작한 것이 친절
로 1등을 하자였다. 다른 거로는 1등을 할 수 없지만 친절로는 가능
하겠다 싶었다. 또 직원들 복지로 1등을 하자, 명동 미용실 중에서 직

원들 복지가 제일 좋은 미용실이 되기로 했다. 그 당시는 직원들 밥을 챙겨주는 미용실이 없었는데 우리 살롱에서 먼저 시도했고, 밥을 배달해주는 식당을 찾아서 살롱까지 배달하게 했다. 그리고 매출의 경우, 총매출로는 1등을 할 수 없으니 살롱 면적을 나눠서 평당 매출액은 우리가 1등이 되게 하자 이런 식으로 1등 살롱에 대한 관점을 바꾸었다. 이 외에도 청결 1등, 행복 1등, 정리 1등, 인사 1등 등 주제를 정해 해당 기간에 그 부분에서 1등이 되려는 노력을 기울였다.

1등이 되겠다는 기치를 내걸고 1년을 열심히 일했다. 건물도 낡고, 시설도 낙후하고, 위치도 4층인 데다가 입구도 다른 사람이 운영하는 옷 가게를 통해서 들어가야만 하는 곳이었는데 직원들과 재밌게 보냈다. 직원들과의 관계에서 어려움도 있었지만 존댓말 사용하기, 긍정적인 용어로 된 별칭 부르기, 칭찬하기, 감탄하기 등 살롱 구성원들을 존중하는 문화를 정착시키면서 살롱 분위기가 밝고 명랑해졌다. 그런 긍정적인 에너지로 서로 파이팅하면서 근무하다 보니 살롱이 정말 잘 됐다. 무엇보다 고객들이 좋아해서 재방문 고객이 늘었다. 밝고 긍정적인 기운이 고객들에게도 전달되어 또 오고 싶은 살롱이 된 것이다. 고객들 반응 덕에 어떤 부분들에서는 1등이 됐다. 면적 대비, 인원 대비에서 매출이 높았고, 직원들 복지나 친절, 직원 만족도 등에서 1등이라고 자부할 만한 요소들이 많았다. 막연하게 1등이라고 했으면 전략이 먹히지 않았겠지만, 분야별로 1등 되기는 정해진 기간에 그 부분만 실천하면 되는 거라서 효과가 있었다. 더구나 직원 복지 1등의 경우 직원들에게 그 혜택이 돌아가는 거라 직원들이 1등 살롱 만들기에 적극 참여하는 계기가 됐다. 무엇보다 그런 접근방식이 재밌었고, 그걸 통해 직원들이 우리 살롱에 대해 자부심을 느낄 수 있게 하고 성장에 대한 의욕을 갖게 만드는 계기가 되었다.

'1등 살롱 만들기'로 1등 살롱이 되다

2년 전에도 '1등 살롱 만들기'로 1등을 한 사례가 있다. 이철헤어커커 대치 1호점은 K 원장이 운영하는 살롱으로 대치동에 있다. 이곳 역시 2층에 자리하고 있는 데다 면적이 매우 작았다. K 원장은 '대치동 1등 미용실이래'라는 글귀가 써진 배너를 만들어 살롱 입구로 들어서는 도로에 세워 두었다. 대치동에도 큰 규모와 최고급 시설을 자랑하는 살롱들이 많아서 외형적으로는 대치 1호점이 다른 살롱에 많이 밀렸다. 그런데도 그런 배너를 외부에 세워 둔 것이다. 그러고는 동료들하고 우리는 대치동 1등 미용실이라는 얘기를 했다. 대치동 1등 미용실이 되겠다가 아니라 대치동 1등 미용실이라고 한 거다.

"뭐로 1등이에요?"

"시술받으려면 고객들이 기다려야 되잖아요. 우리는 대기 고객이 제일 많은 1등 살롱이에요."

실제로 규모에 비해 고객이 많았고, 대기하는 고객도 많았다. 그래서 직원들에게 대치 1호점이 대치동 1등 살롱이라고 인식시켰고, 고객이 입점하면 "안녕하세요? 대치동 1등 미용실입니다"라고 인사를 하게 했다. SNS에 홍보할 때도 대치동 1등 미용실이라고 했다. 그걸 가지고 고객 누구도 왜 당신들이 1등 미용실이냐고 시시비비를 가리지 않았다. 다만 입점할 때 웃으면서 "여기가 1등 미용실이에요?"라고 물었고, 그런 홍보 방식에 재미를 느낀 고객들도 있었다.

'1등 살롱'이라는 구호를 내걸자 신기하게도 직원들에게 1등이 되고 싶어 하는 의식이 생기고 그런 살롱으로 만들려는 적극성도 엿보였다. 고객들에게서도 1등 살롱의 이용자라는 자부심을 읽을 수 있었다. 잘되고 있던 살롱이었지만 1등이라는 명확한 숫자를 보여줌으로써 더 성장할 수 있는 자극을 주었다. 그리고 대치라운지점으로 확장 이전하면서 대치동에서 명실상부한 1등이 됐다. 대치동 1등이 된 후에는 '전국 1등'이라고 표현하기 시작했는데 실제로 전국에 있는 200개의 이철헤어커커 지점에서 1등임을 인정받았다. 매출로도, 시설로도, 직원들 실력으로도 전국 1등임을 증명해냈다. 가짜 약도 진짜 약이라고 믿고 먹으면 긍정성으로 인해 병세가 호전된다는 플라세보(Placebo) 효과처럼 1등 살롱에 대한 구성원들의 믿음이 대치라운지점을 전국 1등으로 만들어놓은 것이다.

남들에게는 무모해 보이고, 결과가 의심스러울 수 있으나 1등 혹은 최고에 대한 믿음을 가지고 노력하면 거기에 준하는 결과를 얻게 된다. 그리고 그런 결과를 얻기 위해서는 그것을 달성하려는 실천이 필요하다. 처음부터 큰 목표를 잡기보다는 지금 단계에서 실행할 수 있는 것들을 목표로 잡고 그 목표를 하나씩 이루어나가는 것을 추천하고 싶다. 그 목표를 이룬 성취감과 경험이 쌓여 더 큰 목표를 이루게 되기 때문이다. 그리고 그 목표가 오너 한 사람의 목표가 아닌 구성원 공동의 목표여야 한다. 그래야 목표를 향해 가는 그 과정이 즐겁고 그랬을 때 구성원들 또한 적극적으로 1등 살롱 만들기에 동참하게 된다.

좋은 아침을 만드는 문화

직장인들에게 아침은 힘들다. 아침에 마주치는 사람들과 "좋은 아침입니다"라고 인사하지만 즐거운 마음으로 좋은 아침을 맞이하는 사람이 얼마나 될까 싶다. 특히 직장인들에게 아침은 힘들다. 오죽했으면 월요병이라는 말이 생겼겠는가. 하루 종일 서서 일해야 하는 미용인에게는 다른 직장인들에 비해 아침이 더 힘들 수도 있다. 또한, 사람마다 생체시계가 달라서 '아침형' 인간이 있고 '저녁형' 인간이 있다. 전통적으로는 아침에 일찍 일어나는 사람을 부지런한 사람으로 인식해서 모든 사람에게 아침에 일찍 일어날 것을 강요하는 분위기이기도 했다. 하지만 사람의 생체시계에 관한 연구가 이뤄지면서 사람에 따라 아침에 에너지가 활발한 사람이 있고 낮이 지나야 비로소 머리가 맑아지고 에너지를 발산하기 시작하는 사람이 있다는 게 과학적으로 밝혀졌다.

더드림아카데미의 〈좋은 아침 만들기〉는 기업의 조회처럼 필요한 업무에 대해 협의하고 활기찬 하루를 보내기 위한 의식이기도 하다. 다른 한편으로는 저녁 무렵이 되어야 정신이 맑아지는 저녁형 인간들의 에너지를 깨워 함께 생동감 있는 하루를 시작하려는 의도가 담겨 있다. 〈좋은 아침 만들기〉는 살롱이 10시에 오픈하기 때문에 대략 오픈 20~30분 전에 모든 구성원이 모여 의식을 갖는다. 〈좋은 아침 만들기〉 순서는 나의 각오, 주간별 핵심 가치 실천하기, 희망 메시지 전달하기, 성공 사례 나누기, 칭찬하기, 예절교육 등으로 진행된다.

〈좋은 아침 만들기〉에서의 포인트는 주별로 실천하는 4대 핵심 가치다. 핵심 가치는 친절하기, 정돈하기, 감탄하기, 프로답기다. 〈우리의 성공비법 7〉 중에서 더 핵심이 되는 것들로 구성원들이 반드시 실천했으면 하는 것을 선정했다. 매주 핵심 가치 중 하나를 중점적으로 실천하는데 첫째 주에는 친절하기, 둘째 주에는 정돈하기, 셋째 주에는 감탄하기, 넷째 주에는 프로답기를 적극적으로 실천한다. 그리고 그것을 잘 실천하고 있는지를 확인하는 건 칭찬하기를 통해서다. 그러니까 그 주에 집중해야 하는 핵심 가치의 실천 여부를 개인이나 팀별로 보고하는 것이 아니라 더 열심히 할 수 있도록 실천한 사람에 대해 매일 아침에 칭찬하는 것이다. 체크를 하지만 체크한다는 생각이 들지 않게 체크하는 시스템으로 못 하는 부분보다는 잘하는 부분이 드러나게 하고 그것을 칭찬한다.

첫째 주에 실천하는 친절하기는 인사성을 바르게 하는 훈련이다.

친절하다는 것은 서비스를 제공하는 것과 다르다. 친절하다는 것은 상대방을 아끼고 사랑하는 마음이며 정다운 태도, 행동에 품위가 있다. 친절하다는 것은 한마디로 인간관계에 정성을 담는 행위다. 특히 우리 살롱에서는 동료에 대한 친절이 가장 우선이다. 함께 생활하는 동료들에게 친절해야 구성원 모두가 행복하고 즐겁게 성장할 수 있어서다.

둘째 주에는 정돈하기 주간이다. 바닥 쓸기, 커트 후 정리하기, 사용한 물건 제자리에 두기 등을 실천함으로써 업무 효율성을 높이고, 정돈으로 인한 동료 간의 갈등을 줄이기 위한 노력을 한다.

셋째 주에는 감탄하기를 집중적으로 실천한다. 감탄하기는 업무 중에 동료들과 주고받는 리액션을 통해 구성원들에게 일하는 즐거움을 느끼게 하고 보다 열정적인 분위기를 조성하기 위해 실천하는 가치다.

매월 마지막 주인 넷째 주에는 프로답기를 실천한다. 미용사라는 전문가답게 내면도 그렇고, 외적으로도 프로다움을 갖추는 것이다. 복장도 프로답게 갖추어 입고, 기술도 더욱 향상될 수 있도록 연마하는 주간이다.

대개 이렇게 주간별 미션이 주어지면 〈좋은 아침 만들기〉 시간에 전날 그것을 잘 실천한 직원을 칭찬한다. 구성원들이 자유롭게 돌아가면서 미션을 잘 수행한 직원을 칭찬하는 것이다. 친절하기 주간에는 "어제 먼저 출근하셔서 뒤에 온 저를 반겨 주신 것 칭찬합니다", "간식 챙겨주신 것 칭찬합니다", "정리하는 것 도와주신 것 칭찬합니다" 등 자신 혹은 동료에게 다정하거나 친절함을 베푼 행위를 칭찬한다. 정돈하기 주간에는 "드라이기 사용하고 제자리에 놓아둔 것 칭찬합니다", "비품실 말끔하게 정리한 것 칭찬합니다", "카트 트레이 정리해줘서 고마워요" 등의 칭찬을 주고받는다. 감탄하기 주간에는 서로의 감탄했던 행위에 대해 칭찬한다. 프로답기 주간 역시 전문가가 지녀야 할 자세를 갖추기 위한 태도에 대해 칭찬한다.

보통 특정한 과제가 주어지면 그 과제를 수행했는지 체크하고 미진한 부분에 대해 지시하고 잔소리하게 된다. 그것이 매일 반복이 되면 서로 불편해지게 된다. 새로운 직원이 들어오면 똑같은 얘기를 반복하기도 한다. 그런데 잘한 부분에 대해 칭찬하게 되면 어떻게 행동하고 실천해야 하는지 스스로 깨닫게 된다. 설령 실천하지 않았더라도 그것을 하지 않는 것에 대해 부끄러워하기보다는 오늘은, 내일은 나도 실천해야겠다고 긍정적으로 생각하게 된다. 또 칭찬하기는 구성원 간의 관계를 친밀하게 하는 데 기여한다. 칭찬하려면 동료를 관찰해야 하는데 그 과정에서 좋은 점을 발견하게 되고, 칭찬을 하니까 친밀도가 높아질 수밖에 없다. 칭찬하기는 매일 아침 서로 칭찬하는 것으로 끝나지 않는다. 칭찬한 내용을 기록해두어서 그 주간에 가장

많은 칭찬을 받은 직원을 토요일에 시상하고 커피 쿠폰 등을 상품으
로 지급한다.

성장과 운영 두 마리 토끼, 4반장제도

더드림아카데미의 파트너 지점에는 4반장제도라는 게 있다. 살롱 운영에 필요한 영역 중 네 개 분야에 책임자를 두고 그 책임자를 반 장이라고 부르고 있다. 4개 분야는 운영, 교육, 재료, 문화로 소속 디 자이너 중에서 각각 한 분야씩 맡도록 한다.

운영반장은 운영의 전반적인 부분을 담당한다. 휴무와 출퇴근 시 간 조절, 인력 배치 등 인사에 관한 부분을 담당한다. 재료반장은 약 품의 재고를 파악하고, 재료를 주문하고, 구성원들이 적정량을 사용 할 수 있게 알려주는 등의 역할을 한다. 문화반장은 영화감상, 야유 회나 회식 같은 문화와 복지를 담당하고, 교육반장은 교육 일정을 짜 서 직원들이 필요한 교육을 받게 한다. 외부 교육을 보낼 수도 있고, 더드림아카데미에서 진행되는 교육에 어떤 구성원을 언제, 어떤 교 육에 참여시킬지 고민하고 계획을 세우며, 살롱 안에서 강사를 선정 해 인턴과 직원들에 대한 내부 교육을 진행하기도 한다.

4반장제도를 도입한 것은 나의 경험에서 비롯되었다. 미용 경력 겨우 4년 차일 때 명동에 있는 살롱을 운영하겠다는 용기를 낼 수 있었던 건 이화여대 앞에 있던 미용실에서 스탭장을 맡았던 경험이 있어서였다. 스탭장으로 일하면서 재료를 관리하고 살롱 운영에 관한 제반 업무까지 맡아서 했기 때문에 살롱이 운영되는 방식을 알고 있었다. 그런가 하면 명동점이 안정적인 궤도에 올랐을 때 부원장에게 운영을 맡기고 본사 교육 시스템 구축에 매달렸을 때는 3년 만에 매출이 반 토막이 나 다시 살롱으로 복귀해야 했던 적이 있다. 다시 살롱을 성장 가도에 올려놓으면서 원장이 없어도 되는 살롱을 만들어야겠다고 생각했다. 그러려면 살롱 구성원 중에서 원장을 대신할 수 있는 사람이 있어야 하는데, 한 사람에게만 그 역할을 맡겨서는 살롱이 정상적으로 운영되기 힘들다는 것을 이미 경험한 터였다. 그래서 살롱의 영역을 나눠 구성원들이 그 역할을 나눠 가지면 한 사람에게 일이 과중하게 지워지는 게 아니라서 효율적으로 운영될 수 있을 거라는 생각이 들었다.

4반장제도를 도입한 이유는 또 있다. 원장 수업을 받아두면 살롱 오너가 됐을 때 그 경험이 도움될 거라 생각했다. 파트너 살롱을 오픈하면서 후배 디자이너에게 오너를 맡게 했는데, 그들 중에는 기술적으로는 훌륭한데 경영하는 것은 힘들어하는 원장이 있었다. 살롱을 오픈하면 원장이 해야 할 일이 많다. 그런데 해본 적이 없으니 당황스러울 수밖에 없다. 더드림아카데미 지점의 경우 내가 경영 지원과 상담을 해주지만 도와줘도 방법이 없을 때가 있다. 옆에서 일일이 알려줄 수가 없어서 그렇다. 우리 지점 원장들은 그나마 상담할 곳이라도 있지만 1인 살롱을 오픈하는 경우는 더 답답할 것이다. 사람들은 미용사니까 기술적으로 실력도 있고 그래서 살롱을 오픈하면 쉬울 거로 생각한다. 그런데 생각만큼 쉽지 않다. 살롱을 오픈해도 재료를 어디에서 주문하는지 모르는 원장들도 있고, 재고 관리를 어떻게 해야 하는지 모르는 원장도 있다.

전천후 포지션을 소화해야 하는 원장의 역할

원장이 된다는 건 디자이너로 활동하는 것과 다르다. 축구로 비유하자면 선수로서 축구를 잘했다고 해서 감독도 잘하는 건 아니다. 플레이어 역할도 해야 하고, 코치도 해야 하고, 구단주 역할도 맡아야 한다. 축구를 잘하다가 갑자기 감독이 되고 구단주가 된 거나 마찬가지다. 구단주로서 홍보도 해야 하고, 선수 영입도 해야 하고, 감독도 모셔 와서 협의해야 한다. 거기다 공도 필요한 만큼 미리 구매해둬야 하고, 선수들이 체력 관리를 잘할 수 있도록 먹는 것에도 신경을 써야 한다. 축구만 잘하면 됐던 선수 시절과는 달라진 것이다. 미용도 디자이너일 때는 고객의 요구만 충족시키면 되지만 오너가 되면 달라진다. 인사 관리, 마케팅, 재정 관리, 물품 구입 및 관리, 교육, 고객 관리, 살롱 유지 보수 등 전방위적인 역할을 혼자서 해야 한다. 게다가 디자이너로서의 일까지 겸하는 경우가 많아 업무는 가중

될 수밖에 없다. 혼자서 그 많은 걸 해내려면 얼마나 힘들겠는가. 그래서 생각한 것이 4반장제도다. 오픈하고 나서 살롱을 잘 운영할 수 있도록 원장 업무를 미리 경험하고 원장의 자질을 갖추게 하면 나중에 원장이 됐을 때 조금은 여유를 가지고 살롱을 운영할 수 있게 될 것이다.

반장이 한 영역을 담당하는 기간은 보통 6개월이며, 그 기간이 지나면 다른 영역을 맡게 된다. 최종적으로는 로테이션을 통해 디자이너 한 사람이 네 개 영역을 모두 경험하도록 한다. 그리고 반장의 업무를 잘 수행한 디자이너는 새로운 살롱을 오픈할 때 오너로 발탁하기도 한다. 흥미로운 것은 디자이너로 활동할 때는 매출이 많지 않았어도 살롱을 맡게 되면 오너의 역할을 잘 해내는 원장이 있다. 4반장제도는 이런 인재를 발굴하는 기회가 되기도 한다.

반장은 살롱 오너가 디자이너 중에서 지정하기도 하고 자원을 받기도 한다. 디자이너가 많은 곳은 반장을 맡기기 수월하지만, 인원이 부족한 살롱은 원장이 반장의 역할 중에서 하나를 맡기도 한다. 무엇보다 4반장제도의 가장 큰 특징은 반장에게 권한은 주되 책임은 원장이 진다는 점이다. 대개 역할을 맡으면 책임까지 지게 한다. 재료를 잘못 관리하면 과실 책임을 묻고, 운영에서도 인력이 제대로 돌아가지 않으면 질책하는 등 권한은 원장이 가지고 책임은 담당 직원에게 지게 하는 경우가 많다. 하지만 우리는 그 반대로 권한은 주되 책임은 원장이 진다.

"권한을 줄 테니 선생님이 판단하기에 필요하다고 생각되면 재료를 주문하세요, 직원들 근무 일정도 선생님이 재량껏 정하세요. 대신 그로 인해 문제가 발생하면 책임은 원장인 제가 지겠습니다."

이런 방침이라서 반장들의 심적 부담이 덜하다. 그리고 필요하다고 판단될 때는 원장이 개입해서 상황을 정리하고 방향을 제시해준다.

4반장제도가 유기적으로 돌아갈 수 있도록 각 지점에 가이드라인을 제시하고 있지만 살롱마다 운영하는 실정이 다르다. 가이드라인을 잘 활용하고 있는 곳도 있고 그렇지 않은 곳도 있다. 반장회의도 마찬가지다. 정기적으로 4반장이 참여하는 반장회의를 가질 것을 제안하고 있지만 원장의 재량에 따라 비정기적으로 운영되는 곳도 있다. 반장회의는 매월 말에 진행되는데 그달에 재료는 얼마나 사용되었는지, 교육은 어떻게 이루어졌는지 등을 확인한다. 그리고 다음 달에 보충하거나 개선할 점에 대해 의견을 나눈다. 일반 기업과 회사는 정기적으로 의사결정을 하는 회의나 제도가 잘 운용되겠지만 그런 부분에 있어서 미용실은 아직은 시스템이 미비한 편이다. 그래도 비정기적으로나마 반장회의를 지속하려는 의지는 미용계 시스템에 긍정적인 변화를 주는 시도라고 볼 수 있다.

성공을 위한 성장회의

직원들을 가족처럼 생각한다거나 직원들에게 주인의식을 가지라고 하면서 정작 살롱 운영에 관한 의사결정을 할 때는 직원들을 제외하는 일이 많다. 주인의식은 가지라고 해서 갖게 되는 게 아니다. 그런 환경과 태도를 가질 수 있는 판을 만들어주어야 한다. 여러 가지 방법이 있겠지만 나는 직원들을 살롱 운영에 관해 함께 고민하고 방향을 찾는 일에 참여시켜야 한다고 생각한다. 그래야 시키는 일만 하지 않고 살롱 안에서 자신이 할 일이 찾아서 하게 된다. 또한, 그것은 직원을 존중하고 인정하는 것이기도 하다. 살롱을 이끌어가는 중요한 구성원이라는 자각이 있을 때 잔소리하지 않아도 소속감을 느끼고 보다 주체적으로 움직이게 된다.

모든 구성원이 참여하는 성장회의를 하는 것도 그 때문이다. 성장회의는 4반장과 원장이 모여서 하는 성장회의가 있고, 살롱의 전 직원이 참석하는 성장회의가 있고, 파트너 살롱 원장과 더드림아카데미 임원이 참여하는 본사 성장회의가 있다. 성장회의라고 이름을 달고 있지만 일반적인 기업에서 하는 방식으로 표현하면 4반장회의, 직원회의, 원장회의로 부를 수 있다. 하지만 나는 회의보다는 성장에 방점을 둔다. 그래서 회의 앞에 성장을 붙여서 성장회의라고 부르고 있다. 성장회의를 통해 우리가 어떻게 성장할 것인가에 관해 이야기를 나누기 때문이다. 더드림아카데미의 성장회의에서는 보통 이번 달에 나의 목표는 무엇이고, 어떤 공부를 할 것이며, 연습을 어떻게 할 것이며, 목표액을 달성하기 위해 어떤 활동을 할 것인지 발표한다. 상사가 일방적으로 목표액을 제시하거나 그달에 집중적으로 추진할 과제를 설정하는 것과 달리 더드림아카데미 성장회의의 주체는 구성원이다. 구성원들이 자신의 목표와 과제를 설정하도록 하고 있다.

모든 구성원이 참여하는 살롱 성장회의와 4반장회의는 원칙적으로 매월 1회 진행하는 것을 원칙으로 한다.

성장회의는 평가가 아닌 공유

먼저 살롱 성장회의는 매월 첫째 주 토요일 오전 8시에 열리는데, 전월에 달성한 결과를 가지고 회의를 한다. 팀별로 설정한 목표액이 얼마였는데 얼마만큼 달성했는지, 또 이번 달 목표는 얼마이며, 이것을 달성하기 위해 인턴인 파트너들과 어떤 노력을 할 것인지, 팀워크를 위해 무엇을 할 것인지를 발표한다. 자율적으로 발표하도록 하기 때문에 팀장들마다 발표하는 내용이 다르긴 하지만 대부분 매출에 관한 이야기를 한다. 목표로 한 매출액을 달성하기 위해 1일 매출과 주말 매출은 얼마를 하고 최종적으로 월매출은 얼마를 달성하겠다는 식으로 발표한다. 인턴들은 발표 내용이 개인의 성장에 맞춰져 있다. 커트를 좀 더 연습하겠다, 이번 달에는 와인딩 연습을 10시간 이상 하겠다. 드라이 연습도 10시간 이상 하겠다는 식으로 기술을 익히기 위한 계획을 발표한다. 또한 팀장인 디자이너의 매출 향상을 위해 고객 대상으로 추천과 제안을 10건 이상하겠다는 계획을 발표하는 인턴도 있고, 생활적인 부분에서 지각하지 않겠다거나 한 달 동안 책 한 권을 읽겠다, 운동을 5회 이상 하겠다, 아침밥을 잘 챙겨 먹겠다, 칭찬의 주인공이 되어보겠다는 등의 포부를 밝히기도 한다. 살롱 운영과 직접적인 연관은 없지만 결국 개인 관리를 잘하면 그게 근무 태도에도 좋은 영향을 미치므로 사소한 것일지라도 발표하도록 하고 있다.

4반장회의는 매월 말에 이뤄지며 반장으로서 자신이 맡은 분야에 관한 결과와 계획을 얘기한다. 재료 반장의 경우 재료 사용에 있어서 낭비되는 부분이 있으니 사용량을 조절해달라는 당부를 하고 새로 구매한 신제품에 대한 소개 등을 한다. 교육반장은 커트 교육이 언제 있고, CS 교육에 참여할 대상자는 누구이며, 염색 교육 참가자는 참가 신청을 받는다는 내용의 공지를 한다. 운영반장은 출퇴근 관리를 하면서 있었던 어려움이나 구성원들의 근태에 대한 현황을 얘기하고, 문화반장은 다음 달에 있을 이벤트나 문화행사 등에 대한 계획을 발표한다.

직원 성장회의 때도 마찬가지지만 반장별 활동 보고와 계획을 발표할 때 되도록 PPT 자료를 만들어서 그걸 보면서 발표하게 한다. 자료를 작성하면서 디자이너는 자신의 성과를 객관적으로 파악하게 되고, 반장들 역시 진행 상황과 보완할 점을 파악할 수 있게 되기 때문이다. 그리고 발표할 때도 자료를 만들어서 하게 되면 구성원들에게 내용을 정확하게 전달할 수 있고, 그런 과정을 통해 전문가가 갖춰야 할 자질을 훈련할 수 있게 된다. 나는 늘 직원들의 성장을 염두에 두고 있는데 이런 과정들도 직원들이 전문가로서 자신을 계발하는 일이라고 생각한다. 인턴과 디자이너에겐 오너가 될 기회, 교육 전문가가 될 기회가 있다. 그것을 이루고 못 이루고는 개인의 노력에 달려있으며 그것을 이룰 수 있게 자기를 계발하는 기회를 자주 만들어주려고 한다.

성장회의에서 팀별, 반장별 발표는 공유이지 평가가 아니다. 칭찬과 격려, 응원이 성장회의의 핵심이다. 팀별 매출액이 그 전 달에 미치지 못했다고 하더라도 대신 잘한 점, 노력한 점을 찾아서 칭찬하고 다음 달에는 현재의 어려움을 극복해서 더 잘할 수 있도록 응원해준다. 만약 팀원 중 한 명이 슬럼프를 겪고 있다면 팀 회식을 제안하고, 팀 분위기가 저조하다면 팀원들이 단합할 수 있도록 문화 활동을 함께할 방법을 제안하기도 한다. 그리고 평소에도 그렇지만 성장회의에서도 비난이나 부정적인 말을 최대한 자제한다. 같은 현상을 바라볼 때도 부정적인 말보다는 긍정적인 표현을 하자는 우리의 모토가 성장회의에서도 적용되고 있다.

성공 사례를 공유하는 원장회의

원장회의는 더드림아카데미 본사에서 매달 2회 열린다. 월초와 월말에 성장회의를 갖는데, 월초에는 전월 성과에 대한 데이터를 가지고 잘한 점을 찾고 부족했던 점은 왜 부진했는지에 대해 분석한다. 더드림아카데미가 미용 공동체를 표방하기는 하지만 이익을 창출하는 기업이기 때문에 성과를 살피지 않을 수가 없다. 대신 좋은 결과에 대해서는 칭찬하고 시상하면서 보상하려고 한다. 전월 평가할 때는 평가 지표로 매출액과 회원 수 등을 검토하지만, 그중에서 가장 중요하게 보는 건 회원 수다. 살롱에 오는 회원이 증가하는지 감소하는지를 보고 감소할 경우 그것을 해결할 방법에 대한 피드백을 주고받는다.

10개 점이 모여서 성장회의를 하게 되면 각 점의 위치와 규모, 상황이 다르지만 각각의 사례를 공유하면서 다른 지점의 좋은 성과를 벤치마킹할 수 있게 된다. 그 사례를 우리 살롱에 그대로 적용할 수는 없지만, 적용 방법을 찾아보고 시도하기도 한다. 그래서 익월에 원장회의를 할 때면 그 결과를 발표하는 등 서로 좋은 영향을 주고 있다. 사례 공유가 끝나면 다음 달이나 다음 분기에 할 마케팅, 행사, 교육 스케줄을 안내하는 시간을 가진다. 이처럼 월초에 진행하는 원장회의는 그달의 사업 방향을 잡아주는 성장회의다. 월말에 하는 원장회의는 월초에 계획하고 준비했던 것을 잘하고 있는지 점검하고, 다음 달 사업 방향을 발표하는 자리다.

원장회의는 파트너 살롱들의 성장을 계획하고 사업 방향을 잡는 시간이기도 하지만 원장들에게는 힐링하는 시간이기도 하다. 원장회의 외에도 원장들 대상으로 세미나를 열기도 하는데, 이 자리에서 원장들은 서로의 고충을 이야기하면서 살롱 운영으로 인한 스트레스를 해소하기도 한다. 원장들은 매출이나 직원들과의 관계, 고객 관리 등에 있어서 다들 저마다 고충이 있다. 직원들과 관계가 좋아도 직원들에게는 말할 수 없는 고충이 있는데, 동료 원장들과 만나서 회의하고, 회의 후 식사하면서 그것들에 관해 얘기하다 보면 막혔던 문제를 해결할 방법을 찾기도 하고, 마음의 짐을 내려놓을 수도 있게 된다. 그러면서 살롱에 돌아가 구성원들과 재밌게, 또 열심히 일할 에너지를 충전하게 된다. 본사 차원에서 원장회의를 주관하는 이유가 그것이다. 원장들 간에 서로의 좋은 동료가 될 기회를 제공하고 잠시라도 여유를 가질 수 있는 시간을 마련해주고 싶어서다.

더드림아카데미의 경쟁력은 사람이다. 더드림아카데미에서는 어떤 것보다 사람이 먼저다. 사람이 곧 상품이기 때문이다. 그래서 사람에게 투자하고 사람의 관심을 모으고 직원의 마음을 만져주고 직원의 생각을 키워준다. 살롱의 핵심은 매력적인 공간도 아니고 멋진 거울도 아니고, 기술도 살롱 전부가 아니다. 살롱의 핵심은 사람이다. 디자이너가 어떤 세계관을 가지고, 사람을 어떻게 대하는지가 중요하다. 자기 일에 대한 마인드가 태도로 나오고 그게 기술로 표현이 된다. 그래서 사람이 중요하다. 성장회의를 하는 것도 그래서다. 오너가 일방적으로 지시해서 이끌어가기보다는 살롱에서 일어나는 일을 전체 구성원이 공유하고 직원들의 의견을 살롱 운영에 반영하기 위해서다. 그랬을 때 구성원들은 자신들이 주체로서 존중받고 있다는 걸 느끼고 긍정적인 태도로 일을 하게 된다.

시스템이 품격 있는 문화를 만들어

미용은 기술이 정말 중요하다. 그리고 그 기술을 성공으로 이끌어주는 건 미용사가 가지고 있는 태도와 표현이다. 기술이 전부였던 시기도 있었다. 테크닉이 뛰어나면 태도와 표현이 서툴더라도 이해가 됐다. 그때는 미용뿐만 아니라 다른 분야에서도 정서적인 부분을 덜 중요하게 여겼고 사회적인 분위기도 그랬다. 하지만 지금은 달라졌다. 사회 전반적으로 서비스를 중요하게 인식하고, 고객들도 품격 있는 서비스를 원하고 있다. 그만큼 개인의 가치를 중요하게 생각하고 존중받을 권리를 당연하게 여기는 풍토가 조성되었기 때문이다. 그리고 이런 가치는 서비스를 받는 고객에게만이 아니라 서비스를 제공하는 미용인도 해당이 된다. 그래서 나는 기술 훈련만이 아니라 자신의 가치를 높이려는 노력을 함께해야 한다고 생각한다.

2000년대 초반에 로레알 포트폴리오 멤버로 선정되어 활동한 적이 있다. 여섯 명이 멤버였는데 운이 좋게 합류할 수 있었다. 그분들과 교류도 하고 파리에 가서 트렌드를 발표하고, 트렌드 촬영을 위해 인도에 함께 가기도 했다. 그분들과 교류하기 전만 해도 나는 당연히 그분들이 기술로써는 최고일 거로 생각했다. 그런데 함께 지내면서 보니 그것만이 전부가 아니었다. 기술은 당연한 거고, 자신들을 빛나게 해주는 매력을 각자 하나씩, 혹은 그 이상을 가지고 있었다. 유머가 뛰어나다던가 리더십이 있어서 구성원들을 잘 이끈다든가 사람을 챙기는 일을 잘한다든가 패션 감각이 뛰어나다던가 저마다 뛰어난 매력을 하나씩 가지고 있었다. 미용에 있어서 당대 최고라는 분들과 같이 활동하면서 그때 깨달았다. 기술을 더욱 빛나게 해주는 다른 요소가 이분들에게는 있구나, 그것이 이 이분들의 가치를 높이는구나 하는 깨달음이었다. 설령 기술이 다소 부족하다고 하더라도 그 가치가 누군가를 당대 최고로 만들어준다는 생각이 들었다. 그때부터 미용에서 중요한 것은 기술과 인간미의 결합이라고 여기게 됐다. 기술이 전부라는 고정관념에서 벗어나 인간적인 매력, 즉 태도와 표현이 훌륭해야 기술도 빛난다는 걸 알게 됐다. 그래서 살롱에서 후배들을 가르칠 때 그 부분을 강조했고, 살롱 시스템도 태도와 표현에 긍정적인 영향을 줄 수 있는 방향으로 변화를 주었다.

내가 미용을 시작할 때만 해도 체계적인 시스템을 갖추고 있는 살롱이 거의 없었다. 운영이나 교육이 주먹구구식이었고 오너의 기분에 따라, 오너의 말 한마디에 살롱의 방향이 흔들렸다. 그러다 보면 그곳에서 성장을 기대하기 어렵겠다고 생각해 자리를 옮기는 스태프나 디자이너들도 생겼다. 교육할 때도 체계적인 교육 체계가 없고, 제대로 가르쳐주지 않아 어깨너머로 배워야 했다. 또한, 가르친 다는 이유로 지적하고 잔소리하고 비난하는 말들이 오갔고, 이런 문화는 후배들에게 대물림되기도 했다. 그런 환경에서는 미용인들의 품격을 기대하기 어려웠고 업무 생산성도 낮아 살롱의 성장은 물론이고 지속성도 불투명했다.

그래서 나는 미용인들이 인간으로서의 자존감을 느끼고, 전문가로서 기술과 품위를 갖추기 위해서는 시스템이 필요하다고 생각했다. 시스템이 마련되어 체계적이고 합리적으로 살롱이 움직이면 자연스럽게 살롱의 문화가 품격을 갖게 되고 고객들에게도 매력적인 곳으로 어필될 거라고 판단했다. 그래서 인사, 운영, 교육 등에 관련된 제도를 만들었다.

살롱을 효율적으로 운영하기 위한 살롱 매뉴얼

더드림아카데미의 사명은 '꿈에 날개를 달자'다. 사람을 소중하게 여기고, 그 사람들이 꿈을 이루는 공동체가 되길 바라는 마음이 사명에 담겼다. 그리고 구성원들이 그 사명 아래서 미용인으로서의 자긍심을 가지고 자신의 역할을 제대로 수행하여 건강하고 활기찬 직장을 만들 수 있게 〈나의 각오〉, 〈우리의 성공비법 7〉, 〈우리의 기본원칙 선언문 7〉, 〈우리의 행동서약 7〉을 만들어 긍정적인 마인드로 적극적이고 열정적으로 근무할 수 있게 했다. 이런 선언문과 성공비법, 서약 등을 만든 이유는 구성원들이 여기에 담긴 내용을 외우고 기억해서 거기엔 담긴 마음가짐과 태도, 행동수칙을 가지고 근무하도록 하기 위해서였다. 그러면 원장의 잔소리나 지적 등이 줄어들어 구성원들의 자존감이 상하는 일을 방지할 수 있다.

또한, 디자이너 등급 분류, 메뉴 공통용어 사용, 방송 멘트, 전화 응대 멘트, 접객 멘트, 신규차트 작성 멘트 등을 미리 만들어두어서 구성원들이 보다 전문적이고, 보다 능숙하게 업무를 처리할 수 있게 했다.

이 외에도 긍정 단어로 된 닉네임과 더드림아카데미에서 공통으로 사용할 수 있는 시술 전문용어를 만들어서 이를 숙지하고 사용하게 했다. 옥시데이션, 롯드 아웃, 프레 샴푸, 어플리케이터, 와인딩, 플레인린스 등 전문용어를 사용함으로써 전문가의 면모가 더해지게 했다. 또한, 구성원들이 자신의 목표와 태도, 성과를 스스로 점검할 수 있게 웃음, 열정, 긍정, 기본, 휴머니즘, 정보, 업세일링, 기술 등의 지수를 기록하는 '스스로 체크표'와 월 성과를 분석하는 분석표도 작성하도록 하였다. '스스로 체크표'와 '월 성과 분석 리포트'는 양식을 만들어 구성원들에게 제공하지만 작성하는 것은 자율이다. 하지만 성실하게 작성한 구성원일수록 성장 가능성이 높다.

미용인의 가치를 실현할 수 있도록 돕는 시스템

이러한 더드림아카데미만의 시스템이 문화처럼 자리를 잡았고, 요즘에는 구성원들이 그러한 제도를 활용해서 잘 성장하고 있다. 더드림아카데미 시스템의 특징은 인정받고 싶은 욕구를 충족시켜주는 것이다. 시스템대로 성실하게 수행하면 그 노력을 인정받아 다음 단계로 올라갈 수 있다. 교육을 통해 인턴이 디자이너로 데뷔하는 시간을 단축하고 있고, 디자이너도 디자이너, 스타일리스트, 탑스타일리스트, 캡틴, 디렉터 등급이 있어 실력이 쌓이면 한 단계씩 성장할 수 있고, 살롱을 운영할 만한 능력이 된다고 판단될 때는 새로 오픈하는 지점의 오너로 발탁이 된다.

나 또한 인정받고 싶은 욕구가 있어서 미용인으로서 열심히 생활해왔다. 그래서 뷰티그룹인 더드림아카데미의 대표도 맡게 되었는데, 이만큼을 오고 보니 좋은 점이 있다. 내가 쌓은 경험으로 미용인들을 인정해줄 수 있고 그것에 사람들이 힘을 얻는다는 것이다. 한때 우리 사회는 성실을 가장 큰 가치로 두었다. 결핍이 목표를 이루는 동력이 된다며 '헝그리 정신'을 외치기도 했다. 하지만 이제는 헝그리 정신이 더 이상 먹히지 않고 바람직하지도 않다. 무조건 열심히 뛰라고 요구할 것이 아니라 인간으로서의 자존감을 가지고 목표를 이룰 수 있는 시스템을 만들어주어야 한다. 일차적으로는 돈을 벌기 위해 미용을 하는 게 맞지만 이젠 많은 미용인이 미용을 통해 자신이 추구하는 가치를 실현하고 싶어 한다. 자기 생각, 감각, 아름다움을 헤어스타일로 표현하고 그걸 인정받았을 때 거기서 오는 만족도를 중요하게 여긴다. 그리고 그게 미용을 계속하게 하는 원동력이 된다. 가치를 실현하고자 하는 마음, 그게 미용인들에게도 크게 작용하고 있다. 주먹구구식이 아니라 합리적인 시스템을 구축하는 것도 미용인의 품격을 높이는 노력이다.

5장

성장에 대한
확신

나한테서 미래를 보지 못한 것

살롱이 성장하기 위해선 스태프의 역할이 중요하다. 더드림아카데미에서는 스태프를 인턴이라 부르지 않고 파트너라고 부른다. 스태프가 성장해야 살롱이 성장하기 때문에 스태프를 성장을 위한 동반자로 대우하고 있다. 스태프들은 고객을 직접 시술하지 않고, 그래서 시술 결과에 대해 책임지지 않는다. 하지만 고객들과 가장 많은 시간을 보내는 사람은 스태프들이고 시술에 대해서도 적극적으로 참여하고 있다. 커트 외에는 롯드를 말고 샴푸 하고 드라이하는 등 대부분의 시술에 참여하고, 시술하는 동안에도 고객과 소통하는 등 중요한 역할을 하고 있다. 그래서 이들의 태도와 표정이 고객들에게 많은 영향을 준다. 또한, 파트너들은 디자이너로 데뷔하기 위한 수련을 받는 인턴으로 살롱의 가장 중요한 자원이다. 디자이너로 데뷔해서 스타일리스트로 성장하고 활동을 해줘야 살롱도 지속적으로 성장할 수 있기 때문이다. 그래서 인턴 채용 면접을 볼 때 지금 당장 일할 사람을 뽑지 않는다. 디자이너로 성장시킬 수 있는지 그 가능성을 보고 채용한다. 일할 사람이 아니라 성장시킬 수 있는 잠재 능력이 있고, 성장하고자 하는 의지가 있는 사람을 선택해서 그들에게 기회를 주는 거다. 같이 성장하자는 게 우리가 면접에서 가장 우선시하는 방침이다.

디자이너들에게 월초에 모여서 성과를 발표하고 매출에서 좋은 성과를 낸 디자이너를 시상하는 스타데이가 있다면 스태프들을 격려하는 제도로는 파트너스데이가 있다. 파트너스데이는 지점에서 자체적으로 운영을 한다. 파트너스데이에서는 더드림아카데미의 핵심 가치, 친절하기·정돈하기·감탄하기·프로답기를 모범적으로 실천한 인턴을 선발해서 스타데이의 디자이너들처럼 시상하고 성공 사례를 발표하고 공유하는 시간을 가진다. 인턴들도 그달의 성공 사례로 뽑히길 희망하고 동료가 발표한 사례를 들으면서 자신도 그렇게 실천하고자 하는 의지를 다진다. 대개 파트너스데이에서 상을 받은 인턴들이 디자이너로 성장할 확률이 훨씬 높다. 본인이 포기하지 않고 경력이 쌓이면 디자이너로 데뷔한다. 중요한 건 데뷔가 아니라 어떤 실력을 갖춘 디자이너로 데뷔하느냐다.

실력을 갖춘 디자이너로 데뷔하기 위해서는 친절하기, 정돈하기, 감탄하기, 프로답기를 실천해야 하지만 생각처럼 이 부분을 수행하기가 쉽지 않다. 많은 살롱이 쉽게 놓치는 게 이 부분이다. 살롱이 운영되어야 해서 일하는 것에 중점을 둔다. 위의 네 가지 핵심 가치는 중요하지만 지금 당장은 시급하지는 않다. 파마를 말고 샴푸 하고 고객 응대하는 것에 집중하다 보면 뒤로 밀리는 경향이 있다. 그런데 성공을 위해서는 기술이 분명히 바탕이 되어야 하지만 태도와 표현, 마인드가 미용 기술을 빛나게 해준다. 그리고 태도와 표현은 미용사의 품격을 돋보이게도 한다. 기술을 배워서 디자이너로 데뷔해도 너무 힘들게 간다. 기술에 태도와 표현, 긍정적인 마인드 등이 더해져서 그것들이 체화되어야 디자이너로 데뷔하는 경우 80% 이상이 성장하고 성공한다. 기술에만 신경 쓴 경우보다 성공하는 케이스가 훨씬 더 많다. 인턴으로 있는 동안은 디자이너로 데뷔할 수 있을지, 데뷔한다고 해서 성공할 수 있을지 확신이 서지 않아서 미용을 그만두거나 다른 살롱으로 옮겨가는 경우가 있다. 하지만 더드림아카데미에서는 성장할 수 있는 비전을 보여주고 그 가능성을 높여주기 때문에 이직하는 구성원이 많지 않다.

자신의 성장을 위한 선택

얼마 전에 《가미쇼보》라는 일본의 잡지사와 인터뷰했다. 그때 기자가 더드림아카데미는 이직률, 퇴사율이 몇 프로냐고 질문을 했다. 그래서 나는 이렇게 대답했다.

"20%예요. 10명이면 2명 정도 그만두죠. 그런데 저는 퇴사율은 잘 안 봅니다. 중요한 건 성장률이라고 생각합니다. 10명이 들어오면 저희는 8명이 성장을 합니다. 퇴사한 2명을 보는 게 아니라 8명이 성장한 걸 봅니다. 몇 명을 안 나가게 하려는 게 아니라 몇 명을, 몇 퍼

센트를 성장시킬 것인가에 집중하고 있어서 퇴사율은 잘 모르겠습니다."

파트너 지점으로 대치라운지점이 있는데 2021년 5월에 오픈했다. 오픈할 시점에 스타일리스트가 10명, 파트너가 10명 미만이었다. 20명이 채 안 되는 인원으로 출발했는데 1년 6개월 만에 스타일리스트 15명, 파트너 12명, 인원이 모두 27명으로 늘었다. 그사이에 그만둔 사람도 분명히 있다. 어떤 사유가 있어서 소수 인원이 퇴사했지만 분명한 것은 우리는 성장하고 있다는 사실이다. 5명의 인턴이 디자이너로 데뷔했고, 실력 있는 디자이너들이 입사했다. 그리고 여전히 스태프들이 데뷔하기 위해서 성장하고 있다. 그래서 나는 퇴사율보다는 성장률에 관심을 가진다.

물론 나도 직원들의 퇴사율에 예민하게 반응했던 적이 있다. 살롱을 오픈하고 나서 동료들을 잘 키워두면 퇴사했다. 함께 오래가고 싶은 마음에 잘해준다고 했는데 그만두는 동료를 보면서 마음이 아팠다. 어떤 때는 배신당했다는 생각이 들 정도로 그 후유증이 오래갔다. 한 번은 일본에 있는 리츠라는 유명한 살롱의 원장이 한국에 와서 경영에 관한 강연을 하는 자리에 참석하게 됐다. 강연이 끝난 후 "함께 일하던 동료들이 그만두곤 하는데 그게 참 힘들다. 원장님 살롱에서는 그런 사례가 없냐"고 질문했다. 그랬더니 나에게 오히려 그런 경험이 있느냐고 되물었다. 그러더니 본인 살롱에서도 그런 일이 있다고 했다.

"그럴 때 어떤 생각이 드세요?"

"그건 나간 사람 잘못이 아니에요. 당신이 이미 진 거죠. 그러니까 졌다는 건 당신이 성장하지 못했다는 뜻이에요. 그 직원은 당신과 함께 있는 것보다 자기가 성장할 수 있는 더 큰 세상을 찾아 나간 거죠. 그러니까 그 직원의 잘못이라고 생각하지 말고, 직원들과 더 오래가고 싶다면 당신이 계속 성장해야 해요. 계속 성장해서 직원들이 성장할 기회를 만들어줄 수 있어야 해요."

아프지만 맞는 말이었다. 그러니까 그만두고 떠난 직원을 비난하지 말고 내가 잘못한 것을 직시하라는 얘기였다. '오죽하면 그 직원이 경쟁 살롱으로 이직했겠냐, 당신이랑 있는 것보다 거기 가는 게 본인의 장래가 더 밝다고 판단한 거 아니냐, 그러니 그 직원을 탓하지 말고 끊임없이 노력해라'라는 메시지를 받았다. 그 말을 듣고 나니 관점이 바뀌었다. 직원의 성장을 위해서 노력한다면서, 정작 나는 성장하지 않고 있었던 거다. 나의 성장을 위해서는 노력하지 않고 있었던 거다. 리츠 살롱의 원장 말에서 느낀 바가 커서 그 뒤로는 직원들이 성장할 수 있도록 교육하면서 내가 성장하기 위한 노력도 기울였다. 그래야 후배들에게 자리를 만들어줄 수 있어서였다. 그리고 경영자로서의 삶을 고민하게 만드는 계기가 됐다.

현재의 성취보다는 미래를 보라

지금은 헤어디자이너들이 본명으로 활동하지만 2000년 무렵에는 예명을 많이 썼다. 그때 나도 '나민'이라는 예명으로 활동했었다. 그리고 스타일리스트 나민이라고 하면 따로 설명하지 않아도 알아주는 사람이 많았다. 탑스타일리스트로 인정받던 시절이었다. 그런데 경영자로서 살아가기 위해 나민이라는 이름을 내려놨다. 살롱을 운영하면서 동시에 디자이너로도 왕성하게 활동하고 있었는데, 살롱이라는 공간은 나 혼자 잘해서 되는 공간이 아니었다. 10여 명의 사람이 모여있는데 내가 아무리 뛰어나게 잘한다고 해도 나는 그중에 한 사람일 뿐이었다. 그리고 직원들을 성장하게끔 하려면 저 혼자 기술이 뛰어난 리더보다는 좋은 시스템이 필요하겠다는 생각이 들었다. 체계적인 시스템을 만들고 직원 교육을 하면서 스타일리스트로서의 역할을 내려놓고 경영자와 교육자로서 해야 할 역할에 집중하기 시작했다. 헤어 업계에서 주목받던 탑스타일리스트라는 타이틀을 내려놓을 때 아쉬움이 전혀 없지는 않았다. 하지만 미용이라는 직업을 오래 하려면, 그 타이틀을 내려놓고 경영자로서의 길을 가는 게 맞다고 생각했다. 현재만 볼 것이 아니라 이후를 바라봐야 후배들의 미래도 있고, 나의 미래도 있기 때문이었다.

포기하지 않으면 포기하지 않는다

요즘 미용업에 진출한 젊은 친구들을 보면 대비되는 양상이 있다. 한쪽에서는 SNS 등의 마케팅을 통해 빠르게 고객을 확보하면서 제 갈 길을 찾아가고, 다른 한쪽에서는 천천히 경험을 쌓아 디자이너로 데뷔하기도 한다. 전자처럼 타고난 재능으로 빠르게 성장하는 사람도 있겠지만, 대부분 후자의 경우처럼 나이가 많든 적든, 대학을 나왔든 아니든 서툰 과정을 거치면 천천히 가게 된다. 게다가 사람들은 기술이나 전문지식을 습득하는 속도 또한 저마다 달라서 잘하겠다는 의지가 있고 열정이 있다면 느리더라도 기다려줄 필요가 있다.

얼마 전에 참석한 세미나에서 들은 내용이다. 다른 업종도 그렇겠지만, 미용의 경우 100명이 기술을 배우면 그중 90명이 미용사가 된다. 그런데 미용사가 된다고 하더라도 모두 안정된 수익을 낼 수는 없다. 미용사가 돼서 그걸로 생계를 이어갈 수 있으려면 한 달에 300만 원의 수입이 있어야 한다. 하지만 그렇지 못한 미용사들이 많다. 초기에는 그럴 수 있다고 쳐도 10년을 했으면 더 나아져야 한다. 기업에 다니는 사람들은 연수가 쌓이고 직급이 올라가면 월급이 더 많아진다. 그런데 미용업은? 그렇지 않다. 연수가 쌓이고 경험이 많다고 해서 안정된 수업이 보장되지 않는다. 안타깝지만 그게 미용업계의 현실이다.

10년 버텨서 안 되겠다 싶으면 포기를 할 수 있을까? 포기를 못한다. 이미 30대를 넘어섰는데, 지금까지 이것만 해왔는데 이걸 포기하고 다른 직군으로 옮겨가긴 어려울 것이다. 그리고 10년이 되어서도 월수입 300만 원을 올리지 못하는 미용인들을 들여다보면 기술이 절대 부족하지 않다. 10년을 하면 무시하지 못할 만큼의 실력을 대부분 갖추고 있다. 단지 이들에게 부족한 것은 태도와 표현이다. 미용업은 사람을 대하는 업이다. 그런데 마인드가 부정적이면 그게 태도와 표현에서 드러나고 그렇게 되면 고객들은 즉각적인 반응을 보인다. 발길을 끊어버리는 것이다. 태도와 표현, 마인드를 변화시키는게 쉽지는 않겠지만 기술을 연마하듯 훈련으로 좋아질 수 있다.

태도와 표현에 있어서 그 자질이 빼어난 사람도 있다. 공부도 재능이 있는 사람이 잘하듯이 태도와 표현도 마찬가지다. 후배들을 지켜보면 그 부분이 뛰어나서 큰 성과를 올리는 친구들이 있다. 똑같은 교육 과정을 제공했는데도 유난히 아웃풋이 뛰어난 친구들이 있는데 그들은 그쪽으로 감각이 있는 거다. 반대로 같은 것을 보고 배워도 보고 배운 것이 제대로 발현되지 않는 친구들도 있다. 그런 친구들은 부족한 부분을 노력을 통해 채우는 수밖에 없다. 그러려면 누구보다 더 열심히 노력해야 한다. 특히 초반 2년은 최선을 다해서 배우는 데 주력해야 한다. 2년 동안 올인해서 배우고 일하고, 배우고 일하면 그 결과가 어느 정도는 나온다. 그렇게 했는데도 결과가 좋지 않다면 더 늦기 전에 다른 일을 찾아보는 게 낫다. 시간만 흘려보낼 것이 아니라.

경력이 실력이 되지 않는다

디자이너로 활동하는 사람 중에도 많은 이들이 착각하는 게 있는데 경력이 쌓이면 경력이 실력이 되는 줄 안다. 고객이 늘지 않으면 경력이 짧아서 그럴 거야, 초보라서 그럴 거야, 더 많이 하다 보면 늘겠지, 그런 생각을 한다. 그래서 다른 방법을 찾지 않고 미용실에서 일만 한다. 일하고, 일하고, 일만 하다가 10년을 넘기게 된다. 그때 가서 이만큼 했는데 안 되네, 그러면 너무 늦다. 그래서 나는 인턴·면접을 볼 때 그렇게 얘기한다.

"딱 2년만 여기에 집중해보자, 미용은 파마만 잘한다고 해서 되는 직업이 아니다, 사람을 상대하는 직업이기 때문에 내가 먼저 괜찮은 사람이 되어야 한다, 그래야 프로가 되는 거다"라고.

사람은 저마다 가지고 있는 자원들이 있다. 성격이나 태도도 자원이고, 자산이다. 사람 관계를 잘 맺는 것도 마찬가지다. 긍정적인 관계를 잘 맺는 사람이 결국은 프로로 끝까지 살아남을 수 있다.

물론 사람에 따라 다정하고 세련된 표현이 안 되는 이가 있다. 감탄하는 게 정말 어려운 사람이 있다. 그런 사람은 자신이 가지고 있는 다른 장점을 발굴하면 된다. 솔직하고, 신뢰를 줄 수 있는 태도를 보이면 된다. 많은 사람이 따뜻하고 친절한 표현을 좋아하지만, 그것보다 더 좋아하는 것은 진정성이다. 표현은 서툴고 무뚝뚝하지만, 그 사람에게 진정성이 느껴진다면 재방문할 확률이 높다. 그러면 진정성은 어떻게 전달할 수 있을까? 프로답게, 또 겸손하게, 그리고 성실하게 하면 된다. 표현을 보완해주는 건 태도다. 그러니까 표현이 어렵다면 태도에서만큼이라도 신뢰를 주면 된다. 그리고 개발하면 된다. 노력한다고 해서 고유한 성향을 완전히 바꿀 수는 없지만 일정 정도는 변화시킬 수 있다. 내가 그 대표적인 사례다. 내성적인 성격에 여성들과 눈도 못 마주쳤지만, 지금은 누구보다 감탄도 잘하고, 칭찬도 잘하고, 인사도 밝게 잘한다. 그게 다 훈련을 통해 만들어진 것이다. 따라서 미용으로 끝까지 가고 싶다면 일만 할 것이 아니라 자신의 부족한 점을 발견하고 그걸 채우려고 노력해야 한다. 그렇게 해야 기술만 뛰어난 미용사가 아니라 사람의 마음까지도 얻는, 실력 있는 미용사가 된다.

미용인들이 20대 초반에 미용을 하겠다고 했을 때는 20~30대에만 미용을 하고 40대에는 다른 직업에 종사하겠다는 마음으로 선택한 건 아닐 것이다. 40대는 물론이고 50대를 지나 60대, 70대까지 하겠다는 마음일 것이다. 그런데 30년 동안 유지되는 미용실은 고작

2%에 지나지 않는다. 그러면 2%에 들려면 어떻게 해야 하겠는가. 나는 그 2%는 초기 2년 안에 판가름난다고 본다.

나를 경영하라

나는 이 책에서도 그렇지만 미용 경영에 관한 교육을 할 때면 기본에 충실하라는 얘기를 한다. 기본만 하자는 이야기가 아니다. 기본에 충실하되 자신이 할 수 있는 방식의 것을 하는 것이다. 예를 들어 SNS 홍보 등의 마케팅이 붙으면 더 오래가고 힘이 생긴다. 대신 그때의 트렌드만 쫓아가면 오래가지 못한다. 미용업의 기본은 헤어디자이너로서의 경력과 실력을 갖추는 거다. 그리고 거기에 경영자로서의 마인드를 갖는 거다. 내가 아직 살롱을 차리지 않았어도 나를 경영할 수 있는 것 아닌가. 내가 좋은 방향으로 성장할 수 있도록 나를 경영하고, 나와 함께하는 파트너를 리딩하고, 내가 알고 있는 지식과 기술을 주변 사람들에게 전달할 수 있는, 그런 사람이 리더이자 경영자다. 내가 알고 있는 것을 타인에게 전달하지 못하는 건 내가 모른다는 것일 수 있고, 그러면 오래가지 못한다. 만약 내가 살롱 오너가 됐는데 내가 아는 것을 구성원들에게 전달하지 못하고 가르치지 못하면 살롱을 지속할 수 없다. 내가 키워주지 못하니까 결국 직원은 자신을 성장시켜줄 사람을 찾아 떠날 것이다. 따라서 미용 일을 오래 하려면 헤어디자이너로서 해야 할 역할과 경영자로서의 역할, 교육자로서의 역할을 동시에 수행할 수 있어야 한다. 그러려면 새로운 것을 배우고 배운 것을 경험하고 그것을 다시 전달하는 과정이 순환되어야 한다. 그래야 살롱의 직원이 성장하고 살롱이 50년이 지나도 지속될 수 있다.

세일즈력을 키워주는 성장일지

이대 앞에 있는 미용실에서 스태프로 일하던 시절, 매일 일기를 썼다. 기술도 그렇고 미용 업무에 필요한 것을 알려주는 사람이 없어서 스스로 공부해야 했다. 그래서 일과가 끝나면 노트에 그날 무얼 했고, 어떤 걸 배웠고, 특정 기술은 어떻게 해야 하는지 등을 기록했다. 그리고 스스로에게 임무를 주고, 다음날 그걸 잘 수행했는지를 기록했다. 예를 들어, 손님한테 말 걸어보기 임무를 주고 했는지 안 했는지를 기록했다. 드라이를 배울 때가 되면 내일은 10명 드라이해 보기 임무를 주고 또 그 결과를 기록했다. 그걸 매일 쓰다 보니 조금 더 주체적으로 살롱에서 생활하게 되고 내가 성장하는 것도 아주 작게나마 보였다. 그때의 경험을 떠올려 더드림아카데미에서도 인턴들에게 성장일지를 쓰게 했다.

성장일지는 인턴들이 자신의 성장을 위해 노력한 활동 내용을 기록하는 것으로, 양식은 더드림아카데미가 제작해서 인턴들에게 제공하고 있다. 성장일지 양식은 미소와 유머, 노력 및 활력, 칭찬 및 호응도, 자기 관리 및 건강, 동료애 및 협력, 양보 및 배려, 이론과 지식, 추천과 제안, 테크닉 및 스타일, 말투와 태도 열 개 항목에 대해 자신이 얼마만큼 수행했는지 그것을 점수로 기록하게 되어 있다. 열 개의 항목을 매월 체크하고, 꾸준히 기록하면 일 년 동안 자신이 얼마나 성장했는지 한눈에 파악할 수 있다. 또한, 나의 목표를 기록하는 지면이 있는데 그걸 통해 연말에 그 목표를 달성했는지, 아니면 근접했는지 스스로 평가할 수 있다.

고객에게는 혜택을, 인턴에게는 세일즈를 경험할 수 있는 성장일지

인턴들은 보통 출근해서 청소하고 오픈 준비를 한 뒤 업무에 돌입한다. 업무 시간에는 파마를 말고 샴푸 하고 드라이하고 염색약 바르고 저녁이 되면 퇴근한다. 저녁에는 일 끝내고 정리하고 퇴근하기 바쁘다. 좀 더 열심히 한다고 하는 인턴들은 남아서 마네킹을 붙잡고 커트 연습도 하고 드라이 연습도 한다. 열심히 산다. 그런데 그건 기술만 연마하는 거다. 일도 경험이다. 숙달되면 경험치의 레벨이 올라간다. 그런데 기술이 좋아진다고 해서 세일즈 능력까지 좋아지는 것은 아니다. 미용실에서는 기술도 중요하지만, 세일즈도 중요하다. 그래야 디자이너가 됐을 때 매출에서 성과를 보일 수가 있다. 자동차를 판매한다고 봤을 때 내가 자동차를 잘 고칠 수 있다고 해서 자동차를 잘 파는 것은 아니다. 자동차를 판매하는 건 기술과는 또 다른 문제다.

성장일지를 기록하는 건 다른 살롱에서도 인턴들의 성장을 위해서 많이들 한다. 우리 지점 살롱에서는 아침에 출근하면 컴퓨터 프로그램을 통해 어떤 분이 예약되어 있는지 알 수 있다. 그걸 보고 인턴들은 성장일지에 예약자 명단을 기록하고, 그동안 시술한 데이터를 보면서 오늘은 어떤 것을 제안할지를 미리 정해본다. 커트를 예약했더라도 고객이 염색한 지 얼마나 지났고, 이쯤에서 리터치가 필요하니까 리터치를 제안해볼까, 하고 제안할 것을 계획해보는 거다. 매출을 올리기 위해서가 아니라 자신이 담당 스타일리스트라고 생각하고 해당 고객의 스타일과 모발 건강을 위해서 제안을 해보는 거다. 많은 살롱에서 옵션 얘기를 한다. 옵션을 해야 한다거나 뭔가 추가하도록 권유한다. 하지만 더드림아카데미 살롱들은 옵션이라는 단어를 경계한다. 우리는 뭘 더 팔려는 게 아니라 고객에게 필요한 걸 제공하고 제안하기 때문이다. 선택은 고객이 하는 거고.

나는 직원들에게 우리 미용사들이 해야 할 일은 나를 찾아주는 고객이 현 상황에서 필요한 선택을 할 수 있게끔 알려주는 게 중요하다고 얘기한다. 고객들은 전문가가 아니기 때문에 현재 상태에서 어떤 선택을 해야 모발을 건강하게 관리하고 스타일을 유지할 수 있는지 잘 알지 못한다. 사람들은 건강을 유지하기 위해서 영양소를 골고루 섭취해야 한다. 하지만 편식하는 사람들은 자기가 좋아하는 것만 먹으려 한다. 특히 건강의 중요성을 모르는 어린아이들일수록 더욱 그렇다. 그렇다고 좋아하는 것만 먹게 할 수는 없다. 싫어하더라도 영양소를 골고루 섭취할 수 있도록 설명하고 균형 잡힌 식사를 하게끔 유도해야 한다. 헤어에 있어서도 마찬가지다. 우리는 상품을 팔기 위해서가 아니라 전문가로서 제안하고 추천해서 고객이 건강하고 아름답게 모발을 관리할 수 있도록 하고, 자신에게 맞는 스타일을 유지할 수 있게 해야 한다.

이렇게 추천하고 제안하는 한편, 살롱 멤버십 프로그램 중에 고객에게 혜택을 주기 위한 이벤트를 알려주기도 한다. 이벤트는 특정 기간에 이루어지는데 고객들은 그 사실을 알지 못해서 놓치는 경우가 더러 있다. 문자로 보내도 읽지 않은 고객들이 있어서다. 그래서 고객들이 방문했을 때 고객이 활용할 수 있는 혜택을 알려준다. 우리 살롱을 잘 활용할 수 있는 방법을 안내해주는 거다. 언제 오면 편하게 시술받을 수 있다든지 또는 이번 달에는 멤버십 행사가 있으니 멤버십 행사 중에 어떤 메뉴를 쓰는 게 혜택이 크다든지 하는 내용을 안내해주는 거다. 이렇게 고객이 혜택을 받는 방법을 알려주면 그 과정에서 고객과 인턴 간에 신뢰가 생긴다. 그래서 자연스럽게 세일즈가 되고 고객의 재방문율도 높이게 된다.

실패를 통해 성공비법을 터득

중요한 것은 미용실 구조상 고객이 매출을 많이 준다고 해서 인턴인 스태프의 수입이 올라가지는 않는다. 담당 디자이너야 인센티브 적용을 받기 때문에 매출을 많이 내면 수입이 올라간다. 하지만 인턴은 고객의 상품 구매 여부와 상관이 없다. 그렇다고 일만 해서는 성장할 수가 없다. 일만 하면 기술은 늘 수 있지만 세일즈 경험이 없는 것이다. 따라서 인턴으로 하여금 세일즈를 연습하게 하는 것이 성장일지다. 성장일지를 쓰는 건 인턴인데, 인턴들은 일지를 쓰면서 담당 디자이너와 상의할 수 있다. 오늘 방문할 고객이 누구고, 기록을 봤더니 이런 시술이 필요할 것 같은데 이걸 제안해보면 어떻겠냐고 상의하는 것이다. 그래서 인턴이 추천하고 제안했을 때 고객이 거절하면 이런 추천은 그 고객이 좋아하지 않는다는 걸 경험을 통해 알게 된다. 또 기록하면서 그 고객이 좋아하는 스타일이 어떤 거라는 걸 알게 되고 추천하고 제안하는 방법을 학습하게 된다. 그리고 그 과정을 통해 수동적으로 일만 하던 것에서 벗어나게 되고, 성취감도 느끼게 된다. 적극적으로 했던 제안이 받아들여져서 나온 결과로 성취감을 느끼는 것이다.

인턴들의 첫 번째 목표는 디자이너로 데뷔하는 것인데 단순히 디자이너 데뷔만을 바라지 않는다. 성공한 디자이너로 데뷔하는 걸 희망한다. 머리를 자를 줄 아는 사람이 되는 게 아니라 세일즈가 돼서 성공할 수 있는 디자이너가 되고 싶은 것이다. 그러기 위해서는 세일즈할 수 있는 기회가 필요하고 그걸 경험할 수 있는 과정이 인턴십이다. 그런데 현실은 대부분 기술만 익혀서 디자이너로 데뷔한다. 미용 업계 대다수가 그렇다. 그러다 보니 디자이너로 데뷔한 후에 현실의 벽에 부딪힌다. 커트를 아무리 많이 연습했어도 경력자보다 잘 자르기란 쉽지 않다. 고객이 기회를 줘야 커트를 할 수 있는데 세일즈가 안 되면 기회를 얻지 못한다. 그러면 기회가 줄고 기회가 줄면 실력도 늘지 않는다. 그게 반복이 되면 포기하게 되고, 그래서 경제적으로 어렵게 살아가는 후배들을 너무 많이 지켜봤다.

그것을 해결할 방법이 무엇일까 고민하다가 세일즈에서 부족한 것을 채울 수 있는 게 태도와 표현이라는 생각했다. 디자이너로 성장하려면 좋은 태도로 추천하고 제안할 수 있는 능력이 필요하다. 추천과 제안, 그게 디자이너에게 가장 필요한 요소이다. 그러기 위해서는 연습하는 과정이 있어야 한다. 추천도 해보고 거절도 당해보고, 또 제안도 해보고 거절도 당해보고. 그러다가 성공할 수도 있게 된다. 시도도 해보지 않았는데, 성공을 경험할 수는 없다. 또한, 추천과 제안 후 거절도 당해보는 과정에서 고객의 요구를 파악할 수 있고 추천과 제안에 필요한 기술도 연습할 수 있다. 전문가도 실패할 때가 많은데 인턴일 때는 더더욱 실패할 확률이 높다. 하지만 실패를 통해 성공하는 방법도 터득하게 된다. 그 과정을 기록한 것이 성장일지다.

무얼 가르쳐줄 수 있나요?

더드림아카데미는 10개의 매장을 가지고 있는 뷰티그룹의 이름인 동시에 미용인을 양성하는 교육기관 이름이기도 하다. 더드림아카데미는 사업자 상으로 치면 13년 전에 만들어졌지만 내가 후배들을 가르치기 시작한 것은 미용을 하면서부터라고 말할 수 있다. 인턴 생활을 시작하고 한 달 뒤에 후배가 들어왔는데 샴푸 하는 것을 가르쳐주고, 빗자루가 어디 있는지, 바닥은 어떻게 쓰는지를 가르쳐주었다. 그때부터 후배들에게 내가 아는 것을 하나라도 더 전달해주려 노력했고, 선배나 동료들에게도 마찬가지였다. 같이 성장하고픈 마음에서였다. 공식적으로 교육기관을 갖고 있지는 않았지만 미용하는 내내 동료, 후배, 선배들에게까지 내가 아는 걸 공유하려고 했다. 그러다가 수입이 생기고, 여유가 되면서 적극적으로 동료와 후배들의 성장을 돕기 위해 아카데미를 개설하게 됐다.

많은 살롱이 어려움을 겪는 건 직원들이 교육을 가려고 하지 않아서다. 돈이 없어서 못 가겠다는 이유를 댄다. 우리 아카데미의 경우 교육비가 6개월에 150만 원이다. 그중 절반은 살롱 원장이 부담한다. 교육비가 비싸지 않다. 따라서 교육받으려 하지 않는 것은 돈이 없어서가 아니다. 교육에 대한 중요성을 못 느껴서 투자하려고 하지 않는 거다.

"그 시간에 일해야지 뭐하러 교육받아요?"

"기술요? 제가 다 할 줄 아는데 뭘 또 배워요? 커트라면 배울 수 있지만요."

아카데미 초창기에는 더드림아카데미 구성원들에게 무료로 교육했다. 그런데 효과가 나지 않았다. 무료니까 가치를 낮게 보고, 수동적으로 참여했다. 굳이 휴무일에 아까운 시간을 내서 그걸 배워야 하나 싶었던 거다. 그래서 3~4년 전부터 점차 유료 강의로 전환했다.

가르치면서 더 알아지게 돼

내가 미용을 시작하던 1990년대만 하더라도 살롱에서 체계적으로 교육을 받을 수 있는 여건이 안 되었다. 미용하려는 사람도 많아서 경쟁이 치열했고, 그 경쟁에서 어쨌든 살아남아야만 했다. 거기다 손님이 쉬지 않고 와서 일하기도 바빴다. 아침 9시부터 저녁 9시까지 쉬지 않고 일했고, 주말도 따로 없었다. 돌아가면서 일주일에 한 번 쉬는 형식이었다. 아침에 출근하면 밥도 제대로 못 먹어가면서 일을 했다. 그런 환경이었기에 따로 교육받을 수도 없었고 교육이라는 개

넘도 없었다. 후배들이 선배들의 어깨너머로 배우거나 본 것을 흉내 내는 것이 일반적이었다. 선배들도 정식으로 기술을 배운 게 아니라서 가르쳐주거나 전달할 수 없었다.

30여 년 전만 해도 주먹구구식이었던 미용 산업이 지금은 살롱 시스템도, 교육기관도 많이 체계화됐다. 그리고 먹고살기 위해 뛰어들었던 생계형 일자리가 이제는 자신의 가치를 실현하는 근사한 산업으로 발전했다. 나 또한 내가 아는 지식과 기술을 후배들에게 제대로 전달하기 위해 공부하고 연구했다. 그러는 과정에서 더 잘 알아지는 것들이 있었다. 배우는 사람보다 가르치는 사람이 훨씬 성장하고 더 잘 알아진다는 것을 알게 된 것은 배우러 다니면서부터였다. 내가 새로운 지식을 습득하고 경영에 관한 것을 배우러 다닌 이유는 나의 성장을 위한 것도 있었지만 내가 배운 것을 동료들에게 전달하기 위해서였다. 그런데 내가 배울 때보다 배운 내용을 동료들에게 전달하면서 그 내용에 대해 더 잘 이해됐다. 기술도 마찬가지로 전달하면서 더 잘하게 되었다. 내가 아는 것을 정확하게 전달하기 위해 준비하는 과정을 거치는데 그러면서 더 잘 알게 되고, 전달하면서 내가 아는 사실에 대해 확신하게 되었다.

그럴 수밖에 없는 게 배우는 사람은 한 번 배울 뿐이지만, 가르쳐주는 사람은 한 번이 될 수도 있고, 같은 내용을 가지고 두 번, 세 번, 혹은 열 번 이상 가르칠 수도 있어서 그때마다 내용의 깊이가 쌓이게 된다. 그런 반복을 통해 그 지식이나 기술이 온전히 가르치는 사람 자신의 것이 되기도 한다. 나 또한 가르치면서 '아, 이거구나! 가르쳐주는 사람이 더 많이 알게 되고, 깨닫는구나. 그러면서 성장하는구나'라는 걸 알게 됐다. 물론 누군가를 가르친다는 것은 부담이다. 어려운 일이기도 하다. 가르치기 위해서는 자신이 알고 있는 것을 더 배우고, 그것을 정리하고, 제대로 전달하기 위해 내용을 분석하고 숙지하는 과정을 거쳐야 한다. 하지만 그런 어려움을 거치면서 내가 알고 있는 것과 모르는 것을 점검하고 부족한 부분이 있으면 채우게 된다. 정확하게 전달하는 방법을 연구하면서 가르치는 사람으로 성장하게 된다.

그래서 나는 우리 구성원들에게도 가르쳐줄 것을 권한다. 가르치는 방법은 많다. 자신이 알고 있는 것을 더 공부하고 연구해서 대중들을 대상으로 교육할 수도 있지만 살롱 안에서 동료나 후배들을 가르칠 수도 있다. 가장 가까이 있는 사람들에게 내가 알고 있는 것을 전달하는 것이다. 특히 담당 디자이너들은 인턴들과 밀접하게 생활하기 때문에 인턴들이 무엇을 필요로 하는지를 잘 안다. 이 시점에서 어떤 것을 가르쳐줘야 하는지 알고 있어서 고객을 시술하면서 그것과 관련한 팁을 전달하기도 하고, 생활하면서 기술적인 부분에 관한 이야기를 주고받기도 한다. 살롱 차원에서도 아침이나 일과가 끝난 저녁에 별도의 교육 시간을 마련해서 기술적인 부분을 가르친다. 파마를 가르쳐주거나 커트할 때 보완이 필요한 부분을 알려준다. 외부

강사를 초빙해서 특강을 열기도 하고, 더드림아카데미의 경우 2주에 한 번씩 아카데미 수업을 듣기도 하지만, 무엇보다 살롱 안에서 동료들끼리 서로 가르치고 가르침을 받는 그러한 교육도 매우 중요하다. 담당 디자이너가 인턴에게 자신이 알고 있는 지식을 나눠주고 기술을 알려주는 것은 애정이 없으면 할 수 없는 일이다. 또한, 인턴 역시 디자이너에 대한 존중이 없으면 가르침을 받으려 하지 않는다. 자발적으로 가르치고 가르침을 받는 일은 살롱이 이익을 창출하는 곳에서 그치는 것이 아니라 서로의 성장을 응원하는 성장 공동체이기도 하다는 걸 보여준다.

무엇을 가르쳐줄 수 있나요?

언제부턴가 스태프 면접을 보면 젊은 친구들이 월급이 얼마인지 묻지 않고 "저한테 무엇을 가르쳐줄 수 있나요?"라고 물어왔다. 그 질문을 정말 많이 받았다. 미용이 기술직이라서 다들 기술에 대한 목마름이 있는 거였다. 살롱을 옮기거나 회사를 바꿀 때 많은 이들의 첫 번째 관심사는 이 회사에 가면 무엇을 배울 수 있는가였다. 그건 돈을 더 많이 벌기 위해서는 실력을 높여야 한다는 걸 다들 알고 있다는 뜻이었다. 일을 하면서도 실력을 키우게 도와주는 곳이 어딘지를 찾았다. 그래서 면접을 보러 와서 하는 말이 "여기서는 뭘 가르쳐주나요?"였다. 항상 그랬다. 여기 입사하면 어떤 교육을 받게 되는지, 무엇을 더 배울 수 있는지에 관심이 많았고, 이들을 보면서 나는 교육의 중요성을 더욱 인식하게 되었다. 나 혼자 잘한다고 해서 되는 게 아니라 나랑 같이 일하는 사람들의 실력을 키워주고, 이들이 여기서 잘 배워서 성공했다는 말을 들을 수 있어야 우리가 계속 성장할 수 있다는 걸 깨닫게 된 것이다.

나는 직원을 채용할 때면 그 사람이 가지고 있는 성장 가능성을 봤다. 당장은 서툴러도 성장할 수 있는지, 의지가 있는지, 사고가 밝고 긍정적인지를 봤다. 그리고 그들이 우리 구성원이 되면 성장 프로그램에 따라 교육받고 경험하게 해서 실력 있는 디자이너가 되게끔 조력했다. 다른 곳에서 이미 잘하고 있는 사람들을 스카우트하는 방법도 있지만 지금 내 옆에 있는 친구들이 잘되게끔 도와주려고 했다. 물론 능력 있는 디자이너가 우리와 함께하고 싶다고 하면 거절하지는 않는다. 기회가 되면 실력 있는 디자이너를 영입하기도 한다. 그렇지만 지금 옆에서 근무하는 구성원이 실력이 부족하더라도 기다려준다. 자신의 부족한 점을 채우고 성장할 수 있게 교육하는 게 우리의 기본원칙이다. 그렇게 하면 대부분 성장한다.

공동체 안에서는 앞서가는 사람과 속도가 느린 사람이 공존하고 있고, 서로 그 사람의 속도를 인정해주는 것이 가능하다. 그리고 서로 놓치는 것을 보완해주는 관계도 가능하다. 그게 동료라고 생각한다. 동료들이 있어야 힘들 때 포기하지 않고 계속 자신의 길을 찾아갈 수 있게 된다. 나 역시 그랬다. 30여 년 동안 성공만 있었던 것은 아니다. 상처도 있었고 실패도 있었다. 또 믿고 도움을 주었던 사람들로부터 기만당하는 일도 있었다. 그럴 때 힘이 되어준 사람들은 내가 격려하고 응원했던 후배들이었다.

"대표님! 상심하지 마세요. 저희가 있잖아요."

"저희를 봐서라도 힘을 내세요."

후배이자 동료들이 보내는 응원을 받으며 다시 중심을 잡게 됐고, 방향성을 찾을 수 있었다. 성과만 생각하고 경쟁을 통해 실력이 출중한 사람만 안고 가려고 했다면 내가 흔들렸을 때 동료들도 나를 떠났을 수 있다. 함께 성장하고자 했던 원칙이 있었기에 동료들도 나를 기다려준 것이다. 그런 일을 겪으면서 살롱은 원장 혼자, 오너 혼자 이끌어가는 게 아니라 구성원들이 함께 만들어가는 공동체라는 생각을 공고히 하게 됐다.

현재 더드림아카데미의 주 교육 대상은 파트너 살롱의 직원들이지만, 파트너 살롱이 아닌 일반 미용인들에게도 교육을 들을 기회를 주고 있다. 직원들의 교육을 위탁하는 외부 살롱이 많아져서이기도 하고, 더 많은 미용인에게 내가 알고 있는 방법과 지식을 전달하고, 우리 시스템의 노하우를 공유해주고 싶어서다. 미용이라는 커다란 공동체 안에서 활동하는 미용인들이고 동료들이기 때문에 되도록 많은 이들에게 내가 알고 있는 것을 전달하고 싶다.

나의 목표는
100명의 오너를 만드는 것

미용인 중에서 비즈니스를 잘해온 분들을 보면 자신이 습득한 지식과 회사를 성장시켰던 경험과 노하우를 토대로 성공 신화를 이어가는 이들이 있다. 나는 그렇게까지 대단한 성과는 없지만 그동안 쌓은 경험이 있어서, 이것을 나 혼자만의 것으로 갖고 있기보다는 동료를 성장시키는 데 사용하고 싶다. 그래서 내가 가진 목표는 미용으로 성공한 오너 100명을 만드는 것이다. 현재 나와 함께하고 있는 동료 오너는 10여 명이지만, 그동안 나와 파트너로 활동했던 오너는 20여 명쯤 된다. 그냥저냥의 살롱이 아닌 현재 성공한 살롱을 운영하고 있는 오너가 그 정도 된다.

100명의 오너를 만들겠다는 나의 포부에서 '100명'은 상징적인 것이다. 미용인들 모두가 오너를 꿈꾸지는 않는다. 그럼에도 오너 100명을 목표로 한 것은 후배 미용인들이 꿈을 갖고 행동하기를 바라서였다. 오너가 된다는 건 많은 것을 할 줄 알아야 한다. 리더십도 있어야 하고, 실력도 뛰어나야 하고, 기본적으로 주인의식을 가지고 자기 삶을 주도적으로 꾸려갈 수 있어야 한다. 지금은 성공한 원장 100명을 만드는 걸 목표로 하고 있지만, 명동 1호점을 운영하고 있을 때는 성공한 스타일리스트 100명을 만들겠다는 목표가 있었다. 그게 100명의 오너를 만들겠다는 출발점이었다. 100명의 성공한 스타일리스트를 만들겠다고 한 것은 디자이너로 데뷔했지만 성공하지 못한 이들을 주변에서 너무 많이 봤기 때문이다. 그들을 보면서 적어도 나와 함께하는 동료들은 성공한 디자이너로 키워야겠다는 생각을 했다. 세어보지는 않았지만, 교육을 하면서 그 목표를 달성했다. 어쩌면 100명이 아니라 200명, 300명을 넘어섰을지도 모른다. 그러고 나서 100명의 성공한 원장을 만들겠다는 목표를 세웠다. 앞으로 성공한 원장 100명을 달성하게 되면 내가 미용을 통해서 할 수 있는 최고의 목표를 이루었다고 자족할 수 있을 것 같다.

성공한 경험이 있는 사람이 성공할 수 있는 쪽으로 이끌어

나는 교육을 통해서도 그렇고, 이 책에서도 기술도 중요하지만, 그 기술을 빛나게 해주는 것은 태도와 표현이라고 강조했다. 태도는 성공을 좌우하고, 표현은 인생을 바꿀 수 있다는 얘기를 늘 한다. 그리고 그 태도와 표현은 디자이너와 오너로 데뷔시킬 때도 크게 작용한다.

동료들을 성장시켜 보면 실력이 뛰어난 디자이너가 경영을 잘하는 오너가 되는 건 아니었다. 디자이너로서 능력과 오너로서의 능력이 달랐다. 디자이너의 능력에는 기술이 많은 부분을 차지한다. 하지만 오너는 태도와 표현이 굉장히 중요하다. 거기다 긍정적으로 생각하고 적극적으로 행동하는 자질도 갖고 있어야 한다. 긍정적인 마인드를 가진 사람이 오너로서의 역할을 잘 수행하는데, 리더는 아무리 좋지 않은 상황에 놓이더라도 그 속에서 될 수 있는 걸 찾아낼 수 있는 사람이어야 하기 때문이다. 성공의 경험이 있는 사람일수록 될 수 있는 걸 잘 찾아낸다. 성공한 경험이 없는 사람이 성공할 수 있는 쪽으로 이끌어주기는 쉽지 않다.

나는 처음부터 디자이너로 만족할 사람, 오너로 성장시킬 사람을 분류하지 않는다. 옆에서 지켜보면 디자이너에 적합한 사람과 오너로 성장했을 때 성과를 낼 수 있는 사람이 보이기는 하지만, 이 사람은 디자이너가 맞고 이 사람은 경영자가 맞다고 단정 짓지 않는다. 그것보다는 모두 같은 선에서 출발시키고 그들이 자신을 오너로 만들어갈 수 있도록 돕고 있다. 나의 역할은 조력자일 뿐 오너로 만들어가는 건 스스로 해야 한다. 우리나라 교육제도처럼 나도 같은 방식으로 교육하고 있다. 공부를 잘하든 못하든 초등학교와 중학교에서는 똑같은 조건으로, 같은 내용을 공부시킨다. 동료들의 성장 가능성을 열어두고 같은 내용으로 그들에게 나의 노하우를 공유하고, 기회 또한 동일하게 제공한다. 그 안에서 어떻게 받아들이고, 또 그것을 어떻게 자기 것으로 만드느냐는 본인이 하기에 달려있다. 대신 나는 그들이 가진 약점을 보완할 수 있도록 설명하고 준비를 돕는 역할을 하고 있다.

오너에게 가장 중요한 자질은 긍정성

심리학 용어 중에 '회복탄력성'이라는 말이 있다. 실패하거나 상처받았을 때 그것을 극복하고 다시 일어서게 하는 힘, 그전보다 더 좋은 상태로 도약하게 만드는 힘을 말한다. 회복탄력성이 좋은 사람은 시련에 부딪혔을 때 무기력한 상황에 오래 머물러 있지 않고 조금 더 빨리, 더욱 단단하게 그 상황을 극복한다. 긍정적인 성향의 사람이 오너로서의 역량을 더 잘 발휘할 수 있다고 했는데 그게 말처럼 쉽지 않다. 동료들에게나 외부 교육을 할 때 긍정성을 강조하지만, 나부터 늘 긍정적이기가 쉽지 않다. 솔직히 힘들 때도 많다. 태어날 때부터 긍정성을 가지고 태어나면 좋겠지만 그렇지 않은 경우는 단련하는 방법밖에 없다. 나 역시 긍정적인 생각을 하려고 많이 노력한다. 아침에 일어날 때도 일부러 좋은 아침이라고 외치며 일어나고, 누구보다 먼저 인사하고, 감사하다는 말을 아끼지 않는다. 동료들을 칭찬하고 감탄하고 존중해준다. 그런 습관이 나의 회복탄력성을 키워주는 것 같다. 몇 번의 실패에도 불구하고 일어설 수 있었던 건 타고난 긍정성이 아니라 긍정적이려고 노력했던 그 노력의 결과였다. 내가 교육에서 하고 싶은 것도 그것이다. 태도와 표현이 서툴지만, 자꾸 연습하고 훈련하면 늘게 되기 때문에 교육을 통해서라도 연습했으면 한다.

오너라면 놓치지 말아야 할 덕목이 있다. 알면 실천하는 것이다. 원장들을 대상으로 하는 강연을 다닐 기회가 많다. 강연에서 미용으로 성공하는 방법에 관해 이야기하면 "아는 이야기예요"라는 말을 하곤 한다. 그런데 같은 내용을 듣고도 어떤 분의 살롱은 더 성장하고, 어떤 분의 살롱은 고전을 면치 못하기도 한다. 왜 그럴까? 누구는 아는 얘기를 실천하고, 누구는 아는 얘기라고만 생각하고 실천하지 않기 때문이다. 어떤 일에서든 가장 중요한 건 기본이다. 그 기본은 누구나 아는 이야기이기도 하다. 그런데도 그것을 강조하고 반복하는 것은 그게 성공의 포인트라서다. 이미 알고 있다고 해서 그 가치가 별것 아닌 것은 아니다. 그걸 실천하려는 의지와 노력이 성공과 실패를 가른다. 그리고 긍정적인 마인드를 가진 사람은 아는 이야기, 기본이 주는 무게와 가치를 알아본다.

성장에 대한 확신을 주는
더드림아카데미

동료들을 가르치기 시작한 것은 내가 알고 있는 것을 나누고 싶은 마음이 커서였다. 경력이 쌓이고 살롱을 운영하면서부터는 후배들에게 기술을 더욱 전문적으로 가르쳐서 그들이 성장할 수 있도록 하려는 의도에서였다. 그래서 2001년에 이철헤어커커 본사의 교육 시스템을 만드는 일에 참여하여 교육 과정을 세팅하는 작업을 했다. 그러다 내가 운영하던 살롱의 경영이 악화하여 현장으로 복귀했다. 살롱을 운영하고 국내외에서 알아주는 유명 헤어디자이너로 활동하면서도 교육에 관한 관심은 놓지 않았다. 세종대학교 사회교육원 헤어디자인과에서 강의도 하고, 로레알 프로페셔널 파리가 선정한 포트폴리오 그룹 멤버로도 활동하고, 세종문화회관에서 헤어쇼도 진행하는 등 헤어디자이너로 왕성하게 활약하다 2006년 헤어디자이너 '나민'을 내려놓고 경영자 김민섭으로 다시 시작하게 됐다. 후배들을 키우고 그들과 함께 성장하는 것이 미용을 더 오래 할 수 있을 거라는 판단이 들어서였다. 그리고 2008년에 자체 교육기관인 〈남산 3H 아카데미〉를 개설하였다. 3H는 인간(Human), 건강(Health), 행복

(Happiness)을 뜻하는 약자였다. 2009년에는 명동2호점을 오픈하였고 이후 서울과 경기 곳곳에 있는 직영점과 파트너 지점을 운영하고 관리하면서 더욱 교육의 필요성을 인식하게 되었다. 그리고 2016년 그룹 이름을 더드림아카데미로 확정하면서 신사동에 미용 전문 교육 기관을 오픈하였다.

신입 미용인 교육부터 경영자 코스까지

더드림아카데미가 운영하는 교육 과정은 모두 8개 코스가 있다. 신입사원부터 살롱 오너까지 미용인들이 갖춰야 할 기본 소양을 교육하는 멤버스리더십부터 베이직, 클래식, 디자이너, 살롱, 크리에이티브, 슈퍼스타, 경영으로 성공하는 미용 비법 이렇게 8개 코스다. 교육은 클래스마다 2주에 1회 수업이 이루어지고, 클래스 하나를 수료하는 데 6개월이 걸린다. 그리고 전 과정을 수료하는 데에는 총 4년이 소요된다. 미용에 입문하는 인턴의 경우는 멤버스리더십부터 수강하는 것을 권하고, 디자이너나 원장은 필요한 클래스를 선택해서 들을 수 있다.

아카데미 초기에는 직영 지점과 파트너 지점 직원을 대상으로 교육을 했다. 이후 외부 살롱에서도 교육에 참여하고 싶다는 요청이 늘어서 심사를 통해 수강자를 선발하고 있다. 선발하는 이유는 직원 교육을 위탁하는 살롱 오너와 교육에 참여하는 수강생의 의지를 확인하기 위해서다. 우리 아카데미는 교육 목표가 살롱과 수강생의 성장에 있다. 그래서 살롱 오너가 교육을 통해 직원을 성장시키려는 목적이 있고, 그로 인해 살롱이 함께 성장하고픈 마인드가 있다면 해당 살롱의 직원을 교육생으로 받아준다. 때문에 직원을 성장시킬 의지가 있는지를 확인하기 위해 세 번 정도 미팅하고 교육비 절반을 살롱 오너에게 투자하게 하고 그걸 확약받는다. 또한, 살롱 오너가 해당 교육생에게 관심을 가지고 응원과 격려를 함으로써 성장을 돕게 한다.

교육의 최종 목표는 전문가로서의 가치를 높이는 것

더드림아카데미에서의 교육은 기술 교육을 빙자한 인성 교육이다. 직원들도 그렇고 외부 살롱에서도 기술을 가르쳐준다고 하면 교육을 받으러 많이들 오지만 태도와 표현, 리더십과 같은 인문학을 얘기하면 돈 내고 배우는 걸 아까워한다. 기술은 당장 돈을 벌 수 있게 해주고, 일에 있어서 기술이 없으면 안 되니까 그것에 투자하는 건 당연하다고 생각한다. 그렇지만 인문학이나 태도와 표현은 배우지 않아도 당장 나한테 어떤 영향을 주는 게 아니라서 관심을 두지 않는다. 마치 식당 창업을 위해 요리를 배우는 것과 같다. 김치찌개를 만드는 숨겨진 비법을 알려준다고 하면 배우러 가겠지만, 김치찌개를 잘 팔기 위한 태도를 배워야 한다면 가려고 하지 않는다. 김치찌개를 잘 팔기 위한 예절교육, 손님을 맞을 때의 표정과 응대법을 연습하고, 성공하는 사람들이 가져야 할 경영 철학에 관한 내용을 강의하면 거기에 투자할 시간도, 돈도 없다고 한다. 당장 먹고살 수 있는 기술에만 집중하고, 자기 비전도 없고, 스스로에 대한 자존감도 없으면 그만두기 쉽다. 자존감이 없으면 일에 대한 확신이 생기지 않는다. 이 일로 성공할 수 있을까 회의하게 되고, 회의가 반복되면 포기하게 된다.

미용도 마찬가지다. 자기 가치에 대한 확신이 없으면 타인과 비교하게 된다. 머리를 만지는 기술은 있지만 나의 가치가 없으니 동료 혹은 다른 살롱과 비교하게 되고, 그러면 매출도 기대만큼 오르기 쉽지 않다. 매출이 낮으면 또 자기 가치를 의심하게 된다. 이런 악순환을 깨려면 자신의 가치, 인간적인 매력을 키우는 데 투자해야 한다. 자신의 가치를 높이는 일에 시간과 노력과 습관을 들이고 거기에 기술이라는 요소가 더해지면 성공으로 가게 된다. 그걸 나는 미용을 하면서 정말 많이 목격했다. 그래서 더드림아카데미는 미용인들이 자신의 가치를 올리는 기회에 참여할 수 있도록 기술 교육을 빙자한 인문학 교육을 한다. 물론 기술 교육 과정이기 때문에 당연히 기술을 가르쳐준다. 기술을 가르쳐주면서 미용인으로 성공할 수 있는 노하우도 함께 전달하는 것이다.

더드림아카데미는 온종일 교육을 원칙으로 한다. 교육을 시작하기에 앞서 오전 10시에 〈좋은 아침 만들기〉를 10분간 진행한다. 살롱에서 하는 것과 마찬가지로 아침을 활기차게 여는 프로그램을 진행하고, 성공 사례를 들려준다. 더드림아카데미에서 활동하는 선배, 성공한 사례에 관한 사례를 접하게 함으로써 교육에 참여한 이들이 스스로에게 동기 부여할 수 있게 하려는 의도에서다. 그리고 〈좋은 아침 만들기〉 프로그램이 끝나면 이 프로그램에 참여하는 동안 무엇을, 어떻게 느꼈는지 그에 대한 소감을 발표하게 한다.

"나는 선배님의 이야기를 듣고 앞으로 열심히 하려는 마음이 들었습니다."

"회원님이 오시면 인사를 잘해야 한다는 걸 알게 됐습니다."

"앞으로는 더 인사를 열심히 하겠습니다."

이런 발표를 하는 것도 수업 과정 중 하나다. 발표하는 것도 표현력이다. 사람들 앞에 서서 자기 생각을 전달하는 연습을 하게 하는 거다. 나도 처음에는 내가 생각하는 것을 남들 앞에서 발표하는 걸 어려워했다. 그런데 웃음 치료를 공부하고 세미나에 참여하면서 자꾸 훈련하다 보니 발표하는 능력, 표현력이 늘었다. 그래서 교육생들에게 발표하는 기회를 주려고 한다. 내가 경험했으니까, 기술이 아무리 뛰어나도 의사 전달을 제대로 못 하면 효과가 작다는 걸 경험했기 때문에 후배들에게는 표현하는 훈련을 시키고 있다.

오전 일정이 끝나면 11시 30분부터 점심시간이 시작된다. 12시보다 조금 더 빨리 점심시간을 갖는 건 줄 서는 시간을 줄여서 여유 있게 식사하고, 식사 후 충분히 휴식 시간을 누리게 하기 위해서다.

미용인들은 일할 때 여유 있게 점심시간을 갖지 못한다. 그래서 교육받을 때만이라도 여유 있는 시간을 가졌으면 하는 마음에서 시간을 그렇게 세팅했다. 그리고 오후 1시부터 5시까지 기술 교육을 한다.

이게 더드림아카데미의 1일 교육 과정이다. 기술 교육도 충분히 하지만 교육에 참여했을 때 태도와 생각을 표현하는 연습을 하고 힐링하는 시간을 갖게 한다. 그리고 일과는 5시에 끝내서 저녁엔 여가 시간을 가질 수 있게 한다. 나는 이 스케줄조차도 미용인을 위한 표현 방법이라고 생각한다. 우리는 직원들이 아카데미에 교육받으러 올 때면 "힐링하러 온다, 충전하러 온다"고 한다. 기술로도 정신적으로도 태도로도 충전하기 위해 온다. 일이라는 게 채워지는 시간 없이 계속 아웃풋만 있으면 지치게 된다. 더구나 사람을 상대로 하는 미용실은 더욱 그렇다. 선배나 동기 중에서 미용을 그만두는 이들의 이야기를 들어보면 사람한테 지쳐서라고 한다. 처음 시작할 때는 사람한테 지치지 않는다. 동료들과 싸우기도 하고, 고객들한테 상처받아도 금방 회복이 된다. 그런데 오랜 시간 일을 하다 보면 사람이 사람을 힘들게 한다는 걸 느낀다. 사람이 주는 기쁨도 있지만 사람으로 인해 지치는 일이 더 많다. 그래서 재교육이 필요하다. 기술과 태도, 표현력을 키워서 자신의 가치를 높이는 것도 필요하지만, 교육을 통해 자신을 충전시킬 필요가 있다. 나와 같은 고민을 하고, 나와 같은 목표를 가진 동료들과 이야기를 나누면 위로가 되는 부분이 있다. 그리고 짧은 시간이라도 본업에서 한 발짝 떨어져 나에게 집중하면 다시 일할 수 있는 힘이 생긴다. 그런 의미에서 미용을 처음 시작하는 신입이나 오랫동안 미용에 매진해온 오너나 재교육의 시간을 가질 필요가 있다. 그리고 더드림아카데미는 미용인들이 지치지 않고 오래 일을 할 수 있도록 교육 시스템을 계속 가져갈 생각이다.

동료 미용인이 동료 김민섭을 말하다

원장의 역할은 응원단장이야

동료들에게 잔소리하는 편은 아니지만 간절하게 부탁하는 하나가 있습니다. 바로 인사하기입니다. "아침에 동료들과 즐겁게 인사하자, 아카데미 가면 다른 지점 동료들과 반갑게 인사하자"입니다. 하지만 이렇게 당부한다고 바로 할 MZ세대가 아니지요. 그래서 제가 먼저 제일 큰 목소리로, 한 명 한 명 찾아가 인사했습니다. 그렇게 한 지 딱 3개월이 됐을 때 동료들이 아침에 출근하면 저를 찾아와서 주먹을 부딪치며 인사하기 시작했습니다. 동료들에게 밝게 인사하는 습관을 갖게 하다 보니 이제 회원님들이 우리 매장에 입점과 퇴점을 할 때마다 모든 직원이 큰 소리로 인사를 합니다. 며칠 전에 승급한 스타일리스트도 회원님이 퇴점하는 뒷모습을 보며 "찾아주셔서 정말 감사합니다"라고 90도로 허리를 굽혀 인사하더군요.

〈좋은 아침 만들기〉 프로그램에는 칭찬하는 시간도 있습니다. 칭찬할 사람을 추천하기도 하고, 한 명을 정해 모든 구성원이 그의 장점을 찾아서 칭찬하기도 합니다. 처음엔 이 칭찬하기를 하는 사람도, 받는 사람도 민망하게 했는데요. 이제는 우리 매장에 엄청난 변화를 가져왔습니다. 선배는 후배 앞에서 본보기가 되는 게 목표라고 얘기하고, 후배는 선배의 좋은 점을 닮겠다고 합니다. 그래서 선배들은 지난 하반기에 연속해서 최고 매출을 올리면서도 먼저 바닥을 쓸었고, 한 사람도 빠짐없이 지점 교육과 아카데미 교육에 참여했습니다. 후배들은 선배들처럼 되고 싶다며 연습에 연습을 거듭해서 약속한 때에 승급 준비를 마쳤습니다. 덕분에 저희 목동 현대하이페리온 2호점은 5개월 동안 5명의 점프, 3명의 더블점프, 2명의 트리플점프가 있었습니다. 또한, 매출 1,000만 원 수준의 스타일리스트가 최고 매출인 2,400만 원을 넘겼고, 오픈 5개월 만에 매출 1억 원을 달성하는 결과를 낼 수 있었습니다.

저희 매장 분위기는 매우 긍정적인데, 처음부터 이렇지는 않았습니다. 작년 9월 저희가 인수하기 전부터 근무했던 직원들이 제가 원하는 방향으로 움직여주지 않아 속상했던 적이 있습니다. 그때 김민섭 대표님이 해주신 이야기가 있습니다.

"너는 지금 성과 볼 때가 아니야. 칭찬하고 동료들이랑 수다 떨고 놀아. 응원단장 해야지."

저 또한 다른 동료들로부터 "잘한다, 더 할 수 있어, 즐겁게 하자"

라는 응원을 받으며 성장했는데 제가 그걸 잊고 있었던 것입니다. 대표님 말씀을 듣고 그때부터 큰 소리로 응원하고, 감탄하고, 칭찬했습니다. 그것들을 제대로 하지 못한 날에는 퇴근 후 메시지를 보내기도 했습니다.

"오늘 회원님께 응대하는 것 봤어. 감동이더라. 그게 네 장점이고 무기야."

지금은 우리 스타일리스트와 파트너분들이 하루에도 몇 번씩 저를 찾아와서 칭찬해달라고 합니다. 외부 교육이라도 가면 1등하고 오겠다고 합니다. 제가 쉬는 날이거나 퇴근하고 나면 DM을 보내서 칭찬해달라고 합니다. 칭찬받는 걸 통해서 더 잘하는 사람이 되고 싶어 하지요. 이제 동료들은 제가 먼저 요구하지 않아도 알아서 개인 목표를 세우고, 그것을 모아서 우리 매장의 목표를 설정하고 있습니다.

동료들의 긍정적인 반응은 저에게도 활기찬 영향을 주고 있습니다. 지적하거나 잔소리하지 않고도 좋은 성과를 내고 적극적으로 근무하는 동료들이 참 귀하게 여겨집니다. 정해진 출근 시간보다 훨씬 먼저 매장에 나와서 기술을 연습하고 즐겁게 하루를 시작하는 동료들을 보면 저도 덩달아 즐거워집니다. 〈좋은 아침 만들기〉, 칭찬하기, 인사하기 등 특별할 것 없는 것들이 동료들의 마음을 열어주고, 살롱의 성장에 이바지하는 걸 보면 참 신기합니다. 기본에 충실하자

는 대표님의 말씀처럼 기본을 지키며 더욱 성장하는 목동 현대하이
페리온 2호점을 만들어 갈 것입니다.

- 이철헤어커커 목동 현대하이페리온 2호점 원장 조아원

'우리의 발전이 나의 발전이다'라는 메시지가 준 긍정적 효과

19년 전 막내 파트너로 입사해 현재 강남점을 이끄는 오너가 된
저는, 가족의 권유로 미용을 시작하게 됐습니다. 그렇게 시작한 미용
인생은 주체적이기보다는 주어진 일들을 미션처럼 해냈습니다. 때마
다 치러지는 레벨테스트를 통과하고, 시간이 쌓이면서 디자이너로
승급하고, 회원님이 찾아오시면 감사한 마음보다는 그것을 당연하게
생각했습니다.

그런데 언제부턴가 능동적으로 움직이고, 동료들의 성장을 중요
하게 여기게 되었습니다. "우리의 발전이 나의 발전이다"라고 강조하
시던 김민섭 대표님의 말씀이 미용업의 중요한 기본임을 잊지 않고,
나의 발전을 위해 꾸준히 배우고 노력한 덕분입니다. 저는 지금 제가
하는 이 일이 얼마나 가치 있는 일인지 매일 느끼며 살고 있습니다.
짧게는 1년, 길게는 10년이 훌쩍 넘는 시간 동안, 저를 믿고 찾아주시
는 회원들의 스타일을 책임지는 일을 하고 있으며, 미용이 좋아서 미

용업을 선택한 동료들의 성장을 응원하며 돕고 있습니다.

좋아하는 일을 직업으로 삼을 수 있다는 건 큰 행운이라고 생각합니다. 거기에 나를 믿고, 응원해주는 동료들이 있다는 건 큰 행복이겠지요. 저와 함께하는 동료들이 행복한 미용인이 되길 진심으로 바랍니다.

- 이철헤어커커 강남점 원장 제이

'사람'이라는 키워드를 통해 성장

저희 강남점은 2003년 5월에 오픈했고, 올해로 20년이 되었습니다. 한 지역에서 20년, 그것도 많은 회원이 찾아주는 매장이기에 강남점에 대한 저의 자부심은 상당합니다. 하지만 그 20년이 늘 기쁘지는 않았습니다. 즐거운 경험도 많았지만, 아쉽고 어려웠던 경험도 있었습니다.

몇 년 전, 함께했던 디자이너 중 40%가 같은 시기에 퇴직한 적이 있습니다. 살롱에 문제가 있었던 것은 아니고 개인 사정들이 생겨 많은 인원이 빠져나가게 되었습니다. 아무래도 직원 수가 적어지니, 분위기가 점점 가라앉게 되었습니다. 한 번 가라앉은 분위기를 다시 끌

어울리기 쉽지 않았고, 디자이너 여러 명이 동시에 그만둔 탓에 매출이 줄어들어 타격 또한 컸습니다. 그런데 그게 오히려 전화위복이 되었습니다. 어떻게 하면 더 단단해질 수 있을지, 함께하는 동료들의 성장을 위해 무엇을 해야 할지를 깊이 고민하게 됐습니다. 그렇게 하다 보니 좋은 인재들이 들어오고, 동료들이 성장했습니다. 현재는 동료들이 더 단단해졌고, 매출도 최고 매출을 찍는 등 성과 또한 좋아졌습니다. 이제는 예전의 어려웠던 경험들이 노하우가 되어 보다 편한 마음으로 동료들을 이끌어갈 수 있게 됐습니다.

저희 살롱은 더드림아카데미가 가장 중요하게 생각하는 '사람'이라는 키워드를 통해 성장했습니다. 사람을 중요시할 때 더 성장하고, 사람보다 시스템이나 매뉴얼 등을 우선시했을 때 힘든 경험을 하게 되었습니다. 시스템과 매뉴얼도 결국 사람을 위함입니다. 운영의 편리를 위해 만들었던 제도를 맹신하는 걸 지양하고, 사람이 성장하는 시스템과 매뉴얼을 장착하니 성장이 따라왔습니다. 앞으로도 동료들이 주도적으로 꿈을 펼칠 수 있는 단단한 매장을 오픈해 동료들과 함께 성장, 성공하고 싶습니다.

- 이철헤어커커 강남점 원장 시현

오랫동안 함께하는 기업

20년 이상을 김민섭 대표님과 함께하면서 항상 놀라는 3가지가 있다.

첫 번째는 본인의 성장을 위해 끊임없이 변화하려고 노력한다는 점이다. 괜찮은 사람이 되기 위해 부족한 점을 변화시키고, 더불어 동료들에게 좋은 영향력을 전파하는 모습이 늘 감동이다. 부드러운 이미지와 웃는 모습을 장착하기 위해 반복해서 웃음스쿨을 이수하고 자격증을 취득하였고, 미용에 필요한 태도와 표현을 갖추기 위해 크리스토퍼리더십을 수차례 이수하고 강사로 활동하며 그것을 아카데미 정규과정에 접목했다.

두 번째는 감각적인 선구안이 뛰어나다는 점이다. 현재의 미용 시장을 정확하게 평가하고, 앞으로 미용 시장이 나아가야 할 방향을 감각적으로 찾아낸다. 그리고 그것을 우리 기업에 맞게 적용하여 우리가 가야 할 방향을 제시한다. 하이퍼포머 매니지먼트 더드림아카데미는 그런 미래에 대한 투자와 의지의 결정체이며, 함께하는 파트너 살롱의 인재 육성에 바탕이 되어주고 있다.

마지막으로 가장 존경하고 좋아하는 점은 사람이 없으면 기업도 없다는 김민섭 대표님의 신념이다. 20여 년 전에 대화를 나누다 김민섭 대표님이 나에게 이런 말을 한 적이 있다. "나는 동료 한 사람만 보는 것이 아니고, 그의 가족까지 보고 생계를 책임지려고 노력한다"라고. 그 말을 듣고 나 또한 결심하게 됐다. "김민섭 대표님과 오랫동안 잘되는 기업을 만들어야겠다"고.

오랜 시간 봐온 김민섭 대표님은 동료들과 좋은 것을 나누고 싶어서 애쓰곤 한다. 그만큼 진심으로 동료들이 잘되길 바라는 마음이 크고, 그 마음이 한결같다. 그래서 나는 그가 좋다.

- 더드림 케이뷰티 그룹 대표 김진태

제 꿈은 욕심꿈쟁이입니다

미용과 함께한 지 15년, 디자이너로 7년, 지금은 살롱 오너라는 목표를 향해 가는 중이다.

오래전 여름, 더드림아카데미에서 교육이 있던 날이었다. 그때는 파트너로 근무할 때였는데, 항상 반갑게 맞아주시던 대표님이 그날은 꿈이 뭐냐고 물어보셨다.

"꿈이요? 저는 학교에서 아이들을 가르치는 선생님이 되고 싶어요."

막연하게 생각나는 대로 대답했는데 대표님은 좋은 꿈이라고 칭찬해주셨다. 특별히 의미를 두지 않고 대답했는데 대표님으로부터 받은 질문이 나를 바꿔놓게 됐다. 어느 순간부터 가르치는 일을 하고 싶다는 게 나의 꿈이 되었고, 그 꿈을 이루고 싶다는 소망을 가지고 생활하게 됐다.

그 후 2년 뒤, 대표님은 나에게 제안을 하나 하셨다.
"아카데미에서 강사를 하면서 배워보는 건 어때? 가르치는 게 꿈이었잖아."
참 신기했다. 더드림아카데미 안에는 많은 디자이너와 원장님들이 계시는데, 어떻게 파트너 시절의 내 이야기를 기억하고 계실까 싶었다. 어쩌면 나뿐만 아니라 구성원 모두에 대해 마찬가지였을 것이다. 그 제안을 받은 후 지금까지 더드림아카데미에서 수강생들을 가르치는 강사를 하고 있다.

더드림아카데미에는 한 달에 한 번 꿈을 자랑하고, 또 꿈을 이뤘을 때 축하해주는 자리가 있다. 스타데이가 그것이다. 더드림아카데미에서 활동하는 파트너와 디자이너들은 이 자리에서 자신을 꿈을 이야기하고 싶어 한다. 이 꿈의 단상에서 이야기한다는 것만으로도 목표가 생기기 때문이다. 2년 전만 해도 나는 내 꿈을 이야기하고 그것을 이루고 싶었지만, 지금은 그 꿈들을 이뤄주고 싶은 마음이 크다. 김민섭 대표님이 나의 꿈을 이룰 수 있는 동기를 주고, 응원하고,

기회를 주었던 것처럼 나 또한 동료들의 성장을 돕고 싶다. 그래서 지금은 살롱 오너가 되고 싶다는 꿈을 다시 꾸고 있다.

- 이철헤어커커 잠실랜드마크점 원장 김사랑

더드림을 만나다

2008년에 미용을 시작해 2023년 현재까지 한 번도 가위를 놓지 않고 있다. 더드림아카데미를 만나게 된 건 3년 전, 미용실 4개를 운영하던 그룹의 본부장으로 있을 때다. 그때 더드림아카데미 수장인 김민섭 대표님을 처음 만났는데 아직도 그때가 생생히 기억난다. 김민섭 대표님과 대화하면서 많은 이야기를 나누었는데, 가장 인상적이었던 것은 김민섭 대표님의 관심이 함께 성장하고 있는 동료라는 것이었다. 회사 시스템도 아니고, 미용 업계 동료들의 성장에 관심을 가진다는 것이 정말 놀라웠다. 그리고 진심으로 동료들의 성장과 성공을 응원하고 도와주려는 대표님의 태도에서 성숙한 선배의 모습을 보았다. 그 만남이 있고 난 후 나의 미용 경영 2막이 시작됐다. 자신의 성장에만 관심이 있던 나는 '동료의 성장'을 염두에 두게 되었다. 나를 가장 빠르게 성장시키는 방법은 동료를 성장시키는 것이라는 사실을 알고 있어서였다. 김민섭 대표님은 경영자로서, 리더로서 그것을 알고 있었고, 나 또한 그것에 강하게 동의했다.

그 후 김민섭 대표님과 가끔 한 번씩 만나서 힘을 얻곤 했는데, 어느 날 함께 일해보자는 제안을 받게 되었다. 미래지향적인 데다 미용계에 선한 영향력을 전파하고 있는 그룹에서의 제안은 나에게 행운이었다. 나는 그 제안을 받고 더드림아카데미와 함께하게 되었다.

더드림아카데미와 함께하면서 느낀 것은 내가 많은 응원과 격려를 받고 있다는 것이다. 처음엔 더드림아카데미에 보탬이 되고자 하는 마음으로 합류했는데, 오히려 내가 더 도움을 받고 있다고 느낄 때가 많다. 미용을 시작하고 나서 이렇게 많은 격려와 응원 속에서 일하는 건 처음이다. 더드림아카데미의 구성원들이 보내는 지지가 느껴져 미용이 더 재밌어지고 더 행복해지는 것은 명백한 사실이다. 또한, 일이 재밌고 행복해서 능률도 자동으로 늘고 있다.

- 더드림 뷰티그룹 TDA 아카데미 CSO 이강희

안주하는 평범한 디자이너에서
대치동 1등 미용실 대표원장이 되기까지

저는 미용을 단지 직업이라고 생각하고 삶에 안주하고 있다가 대표님 덕분에 목표와 꿈이 선명해졌습니다. 그리고 빠르게 성장 중인 이철헤어커커 대치라운지점의 대표원장을 맡게 됐습니다.

저는 서른다섯 살까지 보통의 디자이너였습니다. 그런데 어느 날 저와 함께하고 계신 김혜진 대표님의 한 말씀이 뒤통수를 세게 쳤습니다. "지금을 어떻게 보내는가에 따라 40대를 다르게 살 수 있어요. 지금이 중요해!" 그 말을 듣는 순간 제 머릿속에 생각난 단어는 안주보다는 '성장'이었습니다. 그 후 저는 뭐든지 다 해보기로 했습니다.

서른여섯 살이 되던 해에 더드림멤버스 마인드교육을 듣게 되었고, 많은 사람 앞에서 말하는 게 두려웠던 저에게 더드림아카데미의 참관강사를 할 수 있는 기회가 찾아왔습니다. 적지 않은 나이, 적지 않은 경력이었지만 좋은 기회를 놓칠 수 없어 무조건 하겠다고 했습니다. 그리고 1년 사이 참관강사에서 대표강사, 부원장에서 원장, 200% 이상 성장한 대표원장이 되었습니다.

강사 활동을 하면서 김민섭 대표님과 소통하는 시간이 많았습니다. 항상 자신보다 구성원들의 성장이 먼저라고 강조하시는 걸 보면서 제가 변함없이 대표님 곁에서 10년을 함께하게 된 이유를 다시 깨닫게 되었습니다. "사람이 먼저다"라고 말씀하시는 김민섭 대표님.

저는 사람에 사람을 더해서 하는 게 미용이라고 생각합니다. 미용은 사람이 하는 일이고 사람을 위해 하는 일 그리고 사람과 함께 하는 일, 결코 혼자서는 할 수 없는 세상에서 가장 아름다운 일이라고 생각합니다. 그런데 저의 이런 생각은 김민섭 대표님의 비전과 같았습니다. 대표님은 제가 떨고 있거나 저 자신을 의심할 때마다 "잘하고 있다. 잘할 수 있다"고 칭찬을 해주셨는데 그 말들은 제게 동기부여가 되고 힘이 되었습니다. 그 말에 자신을 의심하지 않고 긍정적인 생각과 할 수 있다는 생각을 갖게 되었습니다.

구성원들의 성장에 가장 필요한 게 무엇인지 생각해보면 그 답은 '태도'와 '표현'이었습니다. 환경은 바꿀 수 없지만 태도는 마음만 먹으면 스스로 선택할 수 있습니다. 할 수 있다는 긍정 표현과 좋은 태도로 회원님과 동료들을 대했기 때문에 저와 대치라운지점 동료들 모두가 매년 성장할 수 있었고 대치동에서 1등 미용실이라는 타이틀을 굳건히 지키고 있다고 생각합니다.

- 이철헤어커커 대치라운지점 대표원장 조혜린

귀인을 만나다, 표현의 힘!

비미용인인 저와 테크니션인 제 아내가 운영하는 저희 살롱은 어려운 시절도 있었지만, 직원 14명이 함께하는 양주에서는 알아주는 살롱이었습니다. 하지만 2019년 큰 시련이 찾아왔고 사람에 대한 실망감으로 모든 것을 내려놓으려 생각했었습니다. 다시 일어설 수 있는 무언가가 간절히 필요했던 저는 미용 모임을 통해 알고 지내던 김민섭 대표님께 더드림 뷰티그룹의 일원이 되어 대표님과 함께하고 싶다고 했습니다. 그런데 바로 거절당했습니다. 돌이켜 보면 당연한 결과였습니다. 그때 제가 필요했던 건 스탭인 파트너를 좋은 디자이너로 만들어줄 아카데미의 교육 시스템이었습니다. 제 마음을 읽으셨는지 김민섭 대표님은 리더의 마인드가 바뀌지 않는다면 살롱의 성장은 없다고 말씀하셨습니다. 처음엔 그 말씀이 제대로 이해되지 않았습니다. 그러다 코로나 시절을 지나며 도움이 간절해진 저는 2021년 다시 한번 김민섭 대표님을 찾아가 부탁드렸습니다.

그때 대표님은 사업계획서를 통해 목표와 앞으로의 계획을 제출하라는 숙제를 내주셨습니다. 이후 계획서를 갖고 대표님과 미팅을 가졌는데 앞으로 어떻게 성장할 것인지 함께 방향을 찾았고, 저 스스로 만들어 놓았던 한계를 깨도록 도와주셨습니다. 그 당시 대표님이 내준 숙제가 대단한 것이었다는 건 1년 6개월이 지난 후에야 알 수 있었습니다. 그 계획서에 썼던 동료들의 성장이 현실이 되었고, 저의 관점이 바뀌면서 동료에 대한 저의 태도도 바뀌었습니다. 또한, 긍정적인 표현을 통해 동료들과 소통하고 서로 신뢰하게 되었습니다. 그러면서 함께 성장을 꿈꾸고, 앞으로 나아가기 위해 함께 노력하고 있습니다. 이렇게 긍정적으로 바뀔 수 있었던 건 문제를 스스로 찾아보고 거기서 해답을 찾도록 가르침을 준 김민섭 대표님 덕분입니다.

- 이철헤어커커 양주이마트점 지사장 이상봉

근자열 원자래

더드림 뷰티그룹 김민섭 대표님과 함께한 지 이제 1년 5개월 됐습니다. 저는 김민섭 대표님과 함께하면서 긍정적인 태도와 표현이 정말 중요하다는 걸 깨닫고 알아가는 중입니다.

저희 방배점은 2년 동안 평균 월 매출 3,500만 원을 하던 매장이었습니다. 저는 그전까지는 테크니션 부원장으로 활동하다가 운영원장을 맡게 되었는데 쉽지 않았습니다. 그런데 김민섭 대표님과 더드림 뷰티그룹을 만나 긍정적인 마인드를 배운 뒤로 방배점을 맡은 지 1년 만에 월 매출 9,500만 원을 달성하는 성과를 이루었습니다.

사람이 많이 모이고 잘 되는 이유는 분명 있다고 생각합니다. 앞으로도 쉽지 않겠지만, 또 성장하는 과정에서 상처받을 수도 있지만, 그래도 저와 저희 매장은 현재 최선을 다해 성장하는 방향으로 나아가고 있습니다. 곁에 더드림아카데미 김민섭 대표님이 있기에, 느리지만 잘될 것이라는 확신을 가지고 노력하고 있는 것입니다. '근자열 원자래', 가까이 있는 사람을 기쁘게 하면 멀리 있는 사람이 찾아온다고 합니다. 가까이 있는 동료들과 즐겁게 일하며 더 많은 회원님이 찾아올 수 있는 매장을 만들기 위해 오늘도 최선을 다할 것입니다.

- 이철헤어커커 방배점 원장 송솔

나눌수록 배우는, 열정부자 김예진

'김예진' 하면 떠오르는 단어는 바로 열정입니다. 과거의 저는 열정이 넘쳐 혼자만 달리는 경주마였습니다. 하고 싶은 게 많아서 주위는 보지 않고 끊임없이 혼자 달리는 경주마였죠. 선배들은 그런 제가 바른길로 달릴 수 있게 해주었고, 또 좋은 사람들과 함께 달릴 수 있도록 끊임없이 알려주었습니다. 사람들과 즐겁게 달리니 지치지 않고 더 멀리, 더 길게 달릴 수 있더군요. 저희 어머니께서는 공부 잘하는 사람을 이기려면 노력해야 하고, 노력하는 사람을 이기려면 즐기면 된다고 하셨습니다. 지금의 저는 누구보다 즐거운 열정으로 행복한 성장을 하고 있습니다.

언젠가 들었던 교육에서 강사님이 "지금까지 얼마나 벌었어요?"라는 질문을 하셨습니다. 그런데 이어진 말을 듣고 망치로 머리를 맞은 듯했습니다. "그중에서 돈을 빼보세요." 결국 남는 건 사람뿐이라는 뜻이었죠.

미용 일을 하면서, 특히 더드림 뷰티그룹과 김민섭 대표님을 만나면서 얻은 가장 큰 재산은 사람 그리고 사람을 얻는 방법을 깨닫게 된 것이었습니다. 성공과 성장의 기쁨을 누군가와 나누고 축하를 해준다는 것 그리고 성장을 이야기한다는 것은 그 무엇과도 바꿀 수 없는 큰 성취감입니다. 저희가 하고 있는 '스타데이'라는 문화가 있습니다. 서로의 성장과 성공을 축하하고 나누고 이야기를 나누는 시간이죠. 제가 김민섭 대표님에게 감사드리는 이유가 이것입니다. 미용이라는 공통된 관심사로 성장에 대해 이야기를 나눌 수 있는 사람들을 만나게 해주시고, 스타데이와 같은 문화를 더드림아카데미에 정착시키셨기 때문입니다.

저는 열정만 가득한 돌멩이였습니다. 그 돌멩이가 미용을 만나 배움의 과정을 통해 다듬어져 귀한 보석이 되었습니다. 이제는 그 보석이 빛을 내어 옆 사람도 함께 빛내주려고 노력하고 있습니다. 앞으로도 우리의 발전이 나의 발전임을 굳게 믿고 '함께'를 외치며 미용의 가치를 올리려고 합니다.

- 이철헤어커커 대치라운지점 원장 김예진

운동인에서 미용인으로

저는 25살에 미용을 시작했습니다. 그전에는 특공무술, 주짓수 등 운동을 하면서 사범 생활을 했는데 부상으로 인해 운동을 그만두고, 군 제대 후 미용 자격증을 취득하여 이철헤어커커 명동2호점에 입사하게 되었습니다. 미용을 배우기 시작했을 때 주변에서 부정적인 시선을 보내기도 했고, "지금까지 운동만 하던 사람이 갑자기 무슨 미용이냐, 할 수 있겠냐"라는 말도 많이들 했습니다. 그렇지만 저는 포기하지 않았고, 목표를 향해 노력한 결과, 지금은 주변에서 저를 보는 시선이 180도 달라졌습니다.

저는 더드림아카데미의 교육 과정을 모두 이수했습니다. 멤버스 리더십, 클래식 코스, 디자이너 코스, 살롱 코스, 그레잇 코스, 하이퍼 포머스 등 모든 교육을 수료하면서 많은 성장을 했습니다. 2019년도에 신인상, 2019년도에 점프상, 2021년도에 더블점프, 2022년도에 트리플점프 상을 받았고, 2022년도에는 THE SHOW에도 참여했습니다.

더드림아카데미 김민섭 대표님을 만나 태도와 표현 교육을 통해한 단계 한 단계 성장할 수 있었습니다. 그리고 교육하시는 강사님들을 보고 강사라는 꿈도 생겼습니다. 교육생에게 자신의 경험과 노하우를 공유하는 모습이 정말 멋있었고, 나도 언젠가는 꼭 멋진 강사가 돼야겠다는 목표를 갖게 된 것이죠. 그런 목표를 가졌을 때 김민섭 대표님께서 강사에 도전할 수 있는 기회를 주셔서 지금은 교육 플러스 강사 활동을 하고 있습니다. 또 하나의 꿈을 이뤄낸 것입니다.

더드림아카데미를 만나고 가장 많이 듣는 단어는 '성공'이라는 말이고 지금까지 듣지 못한 말은 '실패'라는 단어입니다. 저는 실패라는 단어는 없다고 생각합니다, 아직 성공하지 않았을 뿐! 이철헤어커커 명동2호점과 더드림아카데미 김민섭 대표님을 만나 태도와 표현을 배우고, 좋은 동료들 덕분에 이렇게 성장할 수 있었습니다. 앞으로 저의 목표와 꿈은 2023년에 제가 오너인 매장을 오픈하는 것입니다. 그리고 더드림아카데미에서 강사 활동을 꾸준히 함으로써 계속 저의 가치를 성장시키고자 합니다.

- 이철헤어커커 명동2호점 부원장 최상호

꿈의 무대를 만들어가는 행복한 헤어디렉터

스물다섯 살이던 2007년 이철헤어커커에 입사해 김민섭 대표님을 만났는데 무엇보다 좋았던 건 디자이너로서의 나의 장점을 찾아 내 주신 것이다. 대표님은 성공한 사례를 발표하게 하셨고, 계속해서 자신감을 불어넣어 주셨으며, 실천을 통해 성장하게 하셨다. 그 덕에 내가 디자이너로 계속 성장할 수 있었다.

2011년에는 이철헤어커커 잠실새내역 원장의 기회를 주셔서 디자이너로서만이 아니라 경영인으로의 영역을 넓힐 수 있게 됐다. 여기에 그치지 않고 현재는 더드림아카데미의 하이퍼포머 강사로도 활동하고 있다.

잠실새내역점은 회원 수가 증가하여 2019년 매장을 확장하게 되었는데 2020년 코로나를 겪는 상황에서도 성장을 지속할 수 있었다. 코로나로 인해 사회 전반적으로 상황이 어려웠으나 '덕분에'라는 긍정적인 메시지로 코로나를 극복한 덕분이었다. 올해는 '더 신나게 더 재밌게 더 즐겁게'라는 더드림아카데미의 2023년 슬로건에 맞춰 잠실에서 명실상부한 헤어살롱을 만들어가고 있다. 디자이너로서 내가 상상하던 아름다운 테마를 연출할 수 있는 멋진 환경이 만들어진 것이다. 내 삶의 행복지수도 함께 성장하고 있는 지금, 내가 할 수 있는 능력 이상의 것을 찾아주시고 계속 성장하는 사람이 느낄 수 있는 설렘을 알게 해주신 김민섭 대표님께 감사드린다.

- 더드림 스타뷰티 그룹 대표원장 서희

더드림과 함께하는 나의 미용 인생

김민섭 대표님은 면접 때부터 꾸준함과 성실함을 칭찬하시며, 두려움과 걱정을 기대와 설렘으로 바꿔주셨다. 그리고 입사 후 얼마 지나지 않았을 때 나를 '귀인'이라고 표현해주셨고, 대표님의 그 한마디가 내가 20년을 대표님과 함께하게 된 계기가 되었다. 인정받고 있다는 건 엄청난 동기부여와 에너지가 되었다. 20년 전부터 지금까지 늘 한결같이 함께 성장하고 함께 잘 살아야 한다며 혼자가 아닌 우리를 말씀하셨던 대표님.

'우리의 발전이 나의 발전임을 굳게 믿는다.' 그때도 지금도 한결같이 외치고 믿고 있는 더드림의 신념이고 나의 신념이다. 미용이라는 직업이 가치 있고, 멋진 직업이라는 것을 경험을 통해 알게 해주시고, 경험할 수 있는 기회를 만들어주시고, 투자해주시고, 느끼게 해주시는 대표님. 먼저 경험하고 그 경험을 구성원들과 나눌 수 있는 리더로 성장할 수 있게 해주시며, 도전하고 도전해서 만들어낸 결과를 통해 성장해 나가는 법을 알게 해주신 대표님. 교육과 경험을 통해 만들어낸 성장의 힘이 내가 30년이 다 되어가는 지금도 성장하고 즐겁고 행복하게 미용을 할 수 있는 방법이다.

계속해서 나는 칭찬과 감탄으로 동료의 성장을 돕고, 바른 태도와 표현으로 성장하고 성공하는 더드림 뷰티그룹에서 후배들에게 귀감이 되는 성공사례를 만들어 갈 것이다.

- 이철헤어커커 명동점 대표원장 최수경

20대 대표원장 성공 스토리

22살 정화예술대학교를 조기 졸업하고 지금의 매장에 취업했습니다. 취업 후 가장 먼저 배운 것은 샴푸, 테크닉이 아닌 '인사'였습니다. 미용이란 직업은 첫인상으로 모든 걸 좌우한다는 배움을 통해 '인사를 제일 잘하는 사람이 되어야겠다'고 다짐하고 파트너 생활을 이어갔습니다. 그 덕분에 신년회 때 모든 동료가 보는 자리에서 대치점 대표로 모범인재상을 받게 되었습니다. 이것을 시작으로 모든 부분에서 1등을 하고 대치점을 대표하는 사람이 되어야겠다는 목표를 가지고 도약하게 됐습니다.

2년의 파트너 생활을 마무리하고 새롭게 시작하는 디자이너가 되었을 때, 기억을 잘하고 공감하는 다정한 스타일리스트가 되면 누구보다 빠르게 성공하고 인정받는 사람이 될 수 있을 거라 생각했습니다. 그래서 앞머리 커트 회원님 한 분이라도 기억하고 5분이라는 짧은 시간에도 이야기를 듣고 공감했습니다.

저는 모두에게 공평하게 주어진 기회를 잡아 3번의 해외 연수를 다녀왔고, 아카데미 강의 기회를 통해 현재 클래식코스 대표강사로 활동하고 있습니다. 더 단단해지고 성장하며 영향력 있는 사람이 되어 2년의 파트너 생활, 4년의 스타일리스트 생활을 보내고, 20대 때 이철헤어커커 대치점 대표원장으로 일하게 됐습니다.

김민섭 대표님은 늘 '표현과 태도'를 강조하십니다. 저는 대치점 대표원장으로 활동하면서 그 점을 중요하게 생각하고 실천하고 있습니다. 대치점 구성원들과 함께 성장하기 위해 성과보다는 노력하는 부분을 인정해주고, 기본을 잘하는 문화를 만들고, 동료들의 응원단장이 되어 긍정 표현과 긍정적인 태도로 살롱을 운영하고 있습니다. 여기에 하이퍼포머의 경험을 통해 쌓은 성공 노하우를 동료들과 공유함으로써 평균 매출 3,000만 원 매장에서 오픈한 지 3개월 만에 1억 매출을 올리는 매장을 만들었습니다.

저를 믿고 함께해주시는 대표님과 우리 대치점 동료들 모두에게 고마움을 전하며 하루하루 기대되는 날들을 함께 하겠습니다.

- 이철헤어커커 대치점 원장 이세별

머리 못하는 미용사, 미용을 경영하다

나는 헤어디자이너로 미용 일을 시작하지 않았다. 다른 직종에서 종사하다 일을 쉬고 있을 때 알고 지내던 김민섭 대표님이 찾아와 함께 일하자고 제안하셨다. 미용의 미음 자도 모르는 나에게 그런 제안은 당황스러웠다. 하지만 당황스러움도 잠시, 새로운 직업으로 성공해보자는 마음으로 이철헤어커커 명동2호점 점장을 맡았고 점장으로서의 역할을 성실하게 수행한 결과, 구성원 30명에 최고 매출 3억 원을 달성하였다. 이후 잠깐의 휴식 기간을 갖다가 김민섭 대표님이 정성껏 가꾼 이철헤어커커 대치점을 맡게 됐다. 잘되고 있는 곳을 왜 나에게 맡기는 건지 그 이유가 궁금해서 여쭈었더니 이렇게 말씀하셨다.

"당연히 잘나가는 매장을 맡기죠. 하지만 저는 김혜진 원장님이 더 잘나가는 매장으로 만들어줄 거라고 믿습니다"

내가 잘하리라 믿는다는 대표님의 말씀은 정말 큰 힘이 되었다.

대치점을 맡으면서 처음에는 나만의 방식으로만 만들어 나가려고 했다. 내가 운영을 맡기 전의 기존 방식도 있지만, 더 성장시키기 위해서 잘하는 타 살롱을 따라 하려고 한 것도 있었다. 그런데 재밌는 것은 다른 살롱의 것을 벤치마킹하려고 하면 할수록 더드림아카데미의 문화에 확신을 갖게 되었다는 것이다. 그래서 새로운 것을 도입하려고 하기보다는 우리가 가진 문화와 시스템에 더 집중하게 됐다. 그 결과 매장 40평, 경대 10개의 작은 살롱에서 12명의 디자이너가 양성되었고, 계단까지 고객들이 이어지는 폭발적인 상황에 놓이게 됐다. 그리고 동료 원장과 함께 대치동에 이철헤어커커 대치라운지점을 하나 더 오픈하게 되었다.

대치라운지점은 이철헤어커커 안에서 전국 1등의 살롱이 되었고 최다 디자이너를 배출하는 살롱이 되었다. 여전히 우리는 성장하고 있지만, 확실하게 이야기할 수 있는 것은 대치라운지점의 성공 비결은 더드림아카데미의 문화와 시스템에 집중했다는 것이다. 그리고 대치라운지점이 크게 성장할 수 있었던 데에는 무엇보다 동료들의 노력이 컸고, 거기에 사람이 먼저라는 경영이념을 우리에게 꾸준히 인식시켜준 김민섭 대표님의 덕도 크다.

- 더드림 스타뷰티 그룹 대표 김혜진

헤어살롱 30년 고수의 생각
'우리의 팀'을 만들어라

감탄경영

초판 1쇄 인쇄 2023년 4월 25일
초판 1쇄 발행 2023년 5월 02일

지은이 김민섭

발행인 백유미 조영석
발행처 (주)라온아시아
주소 서울특별시 서초구 효령로 34길 4, 프린스효령빌딩 5F

등록 2016년 7월 5일 제 2016-000141호
전화 070-7600-8230   **팩스** 070-4754-2473

값 17,500원
ISBN 979-11-6958-056-4 (13320)

라온북은 독자 여러분의 소중한 원고를 기다리고 있습니다. (raonbook@raonasia.co.kr)